Moderne
Gartengestaltung

Karin Greiner · Angelika Weber

Moderne Gartengestaltung

Planung und Anlage
Mit Planbogen zum Herausnehmen
Mit dreidimensionalen Gestaltungselementen zum Ausschneiden

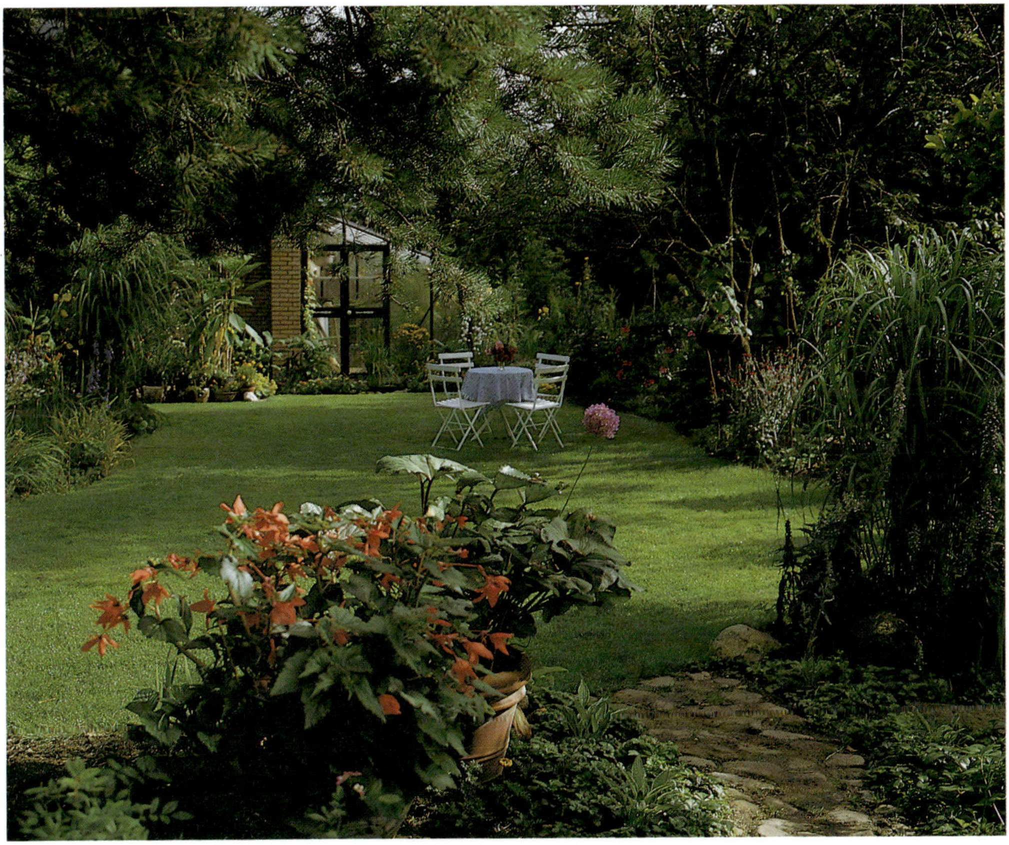

FALKEN

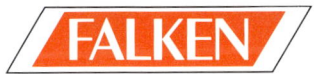

Zum Thema Garten sind im FALKEN Verlag zahlreiche Bücher erschienen. In diesen finden Sie detaillierte Informationen zu den hier vorgestellten Gartenbereichen und Pflanzen, praktische Anleitungen sowie viele weitere Gestaltungsideen. Nachfolgend eine kleine Auswahl: »Reihenhausgärten« (Nr. 1016), »Pflanzen und Tiere für den Gartenteich« (Nr. 1171), »Erfolgstips für den Gemüsegarten« (Nr. 674), »Rosen« (Nr. 1183), »Garten heute« (Nr. 4283), »Wasser im Garten« (Nr. 4810), »Gestaltungsideen für schöne Gärten« (Nr. 4482).

Fotos:
Ingrid Gabriel, Wiesbaden-Naurod: 11 o.
Eberhard Morell, Dreieich: 27 l.u., 34, 40 l.o., 51 l.o., 62 r.u., 65 o.l., 67 l.o., 67 r.M., 72 l., 73 o., 74 r., 75 u.l., 76 u.r., 84 r., 116 r.
Ulrich Niehoff/Wolfgang Redeleit, Bienenbüttel: 28, 89, 91
Ingeborg Polaschek, Linsengericht-Altenhaßlau: 86, 98 u.
Reinhard-Tierfoto, Heiligkreuzsteinach-Eiterbach: 21, 24 u., 27 r., 35 u.l., 44, 47 r., 55 o., 67 l.u., 72 r., 73 u.r., 76 u.l., 83 l., 83 r., 84 l., 112
Manfred Ruckszio, Taunusstein: 37 l.u., 63 l., 63 r., 64 l., 75 u.r., 114 l.
Siegfried Sammer, Bildarchiv, Neuenkirchen: 3, 22 l., 22 r., 25 u., 27 l.o., 31 r., 41, 81 o., 106 r.
Hans-Joachim Schwarz, Mainz: 12 u.
Gitte und Siegfried Stein, Vastorf: 7, 11 u., 20, 49 u., 60 o., 65 u., 77 l.u., 78, 102, 116 l.
Max F. Wetterwald, Offenburg: 8, 10, 29 u., 37 r.u., 40 r., 46 r., 55 u., 67 r.o., 75 o., 75 M.r., 77 r., 96 l., 97
FALKEN Archiv/hapo agrarfotografie, Hans-Peter Oetelshofen: S. 87; Gerhard Röhn: 67 r.u.
alle anderen Fotos: Institut für botanisch-ökologische Beratungen, Angelika Weber/Karin Greiner, München
Zeichnungen und konzeptionelle Umsetzung des Planspiels: Peter Beckhaus, Mainz-Gonsenheim

Die Ratschläge in diesem Buch sind von den Autorinnen und vom Verlag sorgfältig erwogen und geprüft, dennoch kann eine Garantie nicht übernommen werden. Eine Haftung der Autorinnen bzw. des Verlags und seiner Beauftragten für Personen-, Sach- und Vermögensschäden ist ausgeschlossen.

Satz: TypoBach, Wiesbaden
Druck: Auer, Donauwörth

ISBN 3 8068 1255 1

© 1992/1995 by Falken-Verlag GmbH, 65527 Niedernhausen/Ts.

Titelbild: Peter Udo Pinzer
Redaktion: Joachim Mayer

817 2635 4453 62

Inhalt

Vorwort

Über Geschmack soll man nicht streiten – so heißt es wohl nicht zu Unrecht. Auch oder gerade im Garten spielt der Geschmack eine große Rolle. Der Garten soll ein persönliches, unverwechselbares und in sich geschlossenes Umfeld sein, in dem man Anregung und Entspannung, Erholung und Ausgleich findet. Wohl fühlen wird man sich aber nur dort, wo es einem wirklich gefällt. Gärten beispielsweise, die monoton oder überladen wirken,

weil sie unüberlegt »zusammengestückelt« wurden, laden nicht zum Verweilen ein und können so kaum als »grüne Wohnzimmer« bezeichnet werden.

Grund und Boden sind kostbar geworden. Um so wichtiger ist der sorgfältige Umgang mit den heutzutage so kleinen Flächen. Ein paar Sträucher aus dem Supermarkt und eine öde Rasenfläche machen noch keinen Garten. Die Natur kennt keine Monokulturen, stets sind viele verschiedene Lebensräume eng miteinander verwoben und bilden eine abwechslungsreiche Einheit voller Harmonie. Gärten sollen nicht zuletzt die Natur ans Haus holen – was wäre also ein besseres Vorbild als die Natur selbst?

Mit zunehmendem Umweltbewußtsein erwachte bei vielen Menschen der Wunsch nach dem »Naturerlebnis Garten«, nach einem Leben mit der Natur, nicht wider sie. Vielfältig, bunt und lebendig soll der Garten sein, dabei aber auch dem Bedürfnis nach Erholungs- und Kommunikationsraum wie Sitzplatz und Spielplatz Rechnung tragen. Dieses Buch will helfen, einen Garten so zu planen und anzulegen, daß er Lebens- und Erlebensraum wird.

Durch sorgfältige Planung gelangt man einfach zu einem Ergebnis, das allen Anforderungen gerecht wird. Mit Hilfe eines durchdachten Konzepts entsteht ein Garten, der dann auch in Wirklichkeit so ist, wie man ihn vor dem geistigen Auge hatte. Dabei soll statt starrer Regeln und Pflanzschemen Phantasie walten. Planerisches Geschick kann fast jeder entwickeln. Wer die Grundregeln der Gartenplanung kennt, vermag problemlos seine Vorstellungen vom Idealgarten umzusetzen und zu verwirklichen.

Diese Grundregeln und gleichzeitig Mut zur eigenen Phantasie soll dieses Buch vermitteln. Beispiele zeigen die Vielfalt der Möglichkeiten und geben Anregungen. Details zur Ausgestaltung und Ausführung können aus der reichhaltigen Literatur zu den Spezialgebieten entnommen werden. Schon nach kurzer Zeit wird sich so eine häßliche Baustelle in einen üppig grünenden und blühenden Garten verwandeln.

Bei richtiger Planung läßt sich jede Baustelle in ein »grünes Wohnzimmer« verwandeln

Grundsätzliche Überlegungen zur Gartenplanung

Bedeutung der Gärten für die Umwelt

Ohne weitere Erklärung wird jedem der Unterschied zwischen einem grauen Betonplatz inmitten hoher, trister Häuser und einem grünen Wiesenstück unter Bäumen an einem heißen Sommertag deutlich – einerseits staubige, stickige, heiße Luft und unangenehmes Gefühl, andererseits duftende, kühle Luft und Wohlbefinden. Mit diesem Bild vor Augen wird die Bedeutung von Gärten in unserer zugebauten Umwelt schnell verständlich.

Gärten sind nicht nur »Umgebungsdekoration«. Selbstverständlich sollen sie schmücken, aber noch viel wichtiger ist ihre Aufgabe als Ersatz für verlorene Natur. Im Garten kann man sich zurückziehen, sich entspannen und auch ausgleichend betätigen. Grün als Farbe mit beruhigender Wirkung herrscht vor, leuchtende Töne dazwischen regen an. Nicht zu unterschätzen sind die Funktionen der Gärten für die Umwelt. Die Pflanzen sorgen für lebenswichtigen Sauerstoff, filtern Schadstoffe aus der Luft, gleichen extreme Klimaschwankungen aus. Gerade in den Städten sind Gärten neben den öffentlichen Grünanlagen »grüne Lungen«, die einen wesentlichen Beitrag dazu leisten, ein Leben in Betonwüsten erträglich zu machen.

Jedes Fleckchen Grün ist für unser Wohlbefinden und für die Umwelt wertvoller als eine versiegelte Fläche, jeder Baum ungleich wichtiger als eine Antenne, jede Blume einem Pflasterstein vorzuziehen. Wir können und wollen auf die Errungenschaften der Technik und die damit verbundene Lebensqualität nicht verzichten. Um so wichtiger ist deshalb der sorgfältige Umgang mit dem Grund und Boden, der für Gartenanlagen reserviert ist. Ein richtig angelegter Garten trägt nicht nur zu einer gesünderen Umwelt bei, sondern erhöht auch die Lebensqualität.

Beruhigendes Grün, dazwischen anregende Farbtupfer – dies macht Gärten zu Oasen der Erholung. Gleichzeitig dienen sie einer gesunden Umwelt

Planen mit Bedacht

Je besser ein Garten geplant und angelegt ist, desto mehr Bestand wird er haben und desto harmonischer wird er sein. Die Ausstattung und Bepflanzung soll allen Anforderungen der Bewohner gerecht werden, gleichzeitig aber auch den Gegebenheiten weitgehend entsprechen. Ein Garten, in dem man oft mit Freunden beisammen sein will und der keine entsprechende Fläche zum gemütlichen Sitzen bietet, ist an den Anforderungen vorbeigeplant; ein Garten, der eigentlich langlebige Blütenpracht entfalten soll und nur aus eintöniger Rasenfläche besteht, ebenso.

Da der finanzielle Aufwand für die Anlage eines Gartens nicht unerheblich ist, sollte man von Anfang an auf die richtige Pflanzenwahl achten. Welcher Gartenbesitzer hat sich nicht schon über einen teuren Baum geärgert, der vor sich hinkümmerte, nach wenigen Jahren ersetzt werden mußte und nie die erwartete optische Wirkung entfaltete? Wäre das Gehölz den Boden- und Lichtverhältnissen entsprechend ausgesucht worden, hätte

man sich den Ärger erspart. Und wie oft wurde ein Baum schon nach wenigen Jahren Opfer der Säge, weil er zuviel Licht nahm und andere Pflanzen erstickte? Hätte man bei der Planung seine spätere Wuchskraft bedacht, könnte er noch stehen.

Solche Beispiele der Unbedachtsamkeit oder der Mißplanung findet man in der Praxis häufig. Sie verdeutlichen, wie wichtig es ist, beim Einrichten eines Gartens möglichst viele Gesichtspunkte in die Überlegungen einzubeziehen. Man kann ihn leider nicht so einfach umräumen wie ein Zimmer, sein »Mobiliar« steht unverrückbar fest.

Viele Bedingungen gilt es schon vor der Planung zu berücksichtigen, etwa die Standortverhältnisse wie Licht und Boden, die Lage und das Relief, also den Oberflächenverlauf des Geländes. Vorab sollte man, wie erwähnt, auch die Anforderungen an den Garten genau bedenken, zum Beispiel, inwieweit er Wünsche nach Abgeschiedenheit und Ruhe erfüllen soll oder welche Form der Bewirtschaftung vorgesehen ist. Erst wenn über all diese Punkte Klarheit besteht, kann der Garten auf dem Papier entstehen und schließlich in die Realität umgesetzt werden. Dann aber wird der Garten genau das sein, was er sein soll – ein »grünes Wohnzimmer«, das diesen Namen verdient.

Wer in gemütlicher Runde im Garten sitzen will, sollte schon bei der Planung einen entsprechenden Bereich berücksichtigen

Standortanalyse und Bestandsaufnahme

Bevor man an die Planung eines Gartens geht, müssen die Standortfaktoren genau beobachtet bzw. untersucht werden. Standortfaktoren nennt man alle Einflüsse, die das Umfeld einer Pflanze oder einer Pflanzengemeinschaft bestimmen, also Licht, Wasser, Boden, Wind, Klima und weitere Gegebenheiten der Umwelt. In freier Natur wird man an verschiedenen Stellen mit unterschiedlichen Faktoren eine stets anders zusammengesetzte Flora und Fauna finden. An trockenen, sonnigen Hängen mit kargem Boden wächst eine speziell diesen Bedingungen angepaßte Pflanzengemeinschaft aus Gräsern und Blumen, an feuchten, kühlen Stellen mit fettem, nährstoffreichem Schwemmboden wiederum eine völlig andere.

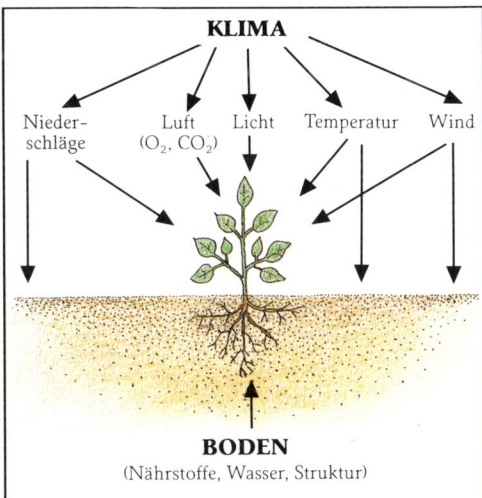

Das Gedeihen der Pflanzen wird vom Zusammenspiel mehrerer Standortfaktoren bestimmt. Zu den hier vereinfacht dargestellten Einflüssen kommen vielfältige Wechselbeziehungen. So kann sich zum Beispiel die Bepflanzung auch auf das Klima und auf den Boden auswirken

Im Garten haben wir grundsätzlich zwei Möglichkeiten, den Pflanzen ideale Wachstumsbedingungen zu geben. Die einfachere und oft bessere Lösung ist die Auswahl von Pflanzenarten, die mit den vorgegebenen Standortverhältnissen gut zurechtkommen. Ist der Boden des Gartens zum Beispiel kalkhaltig, werden auch nur kalkliebende und kalkverträgliche Arten gepflanzt, in schattigen Bereichen werden nur schattenverträgliche Arten verwendet. So kann man weitgehend sicher sein, daß die Pflanzen gut anwachsen und der Garten keine ständigen Änderungen wie Um- oder Neupflanzen erfordert.

Die andere Möglichkeit ist die Anpassung der Standortbedingungen an eine gewünschte Flora, so zum Beispiel die Schaffung eines Teiches für Wasserpflanzen oder die Anlage eines Moorbeets für kalkempfindliche Rhododendren auf sonst kalkhaltigem Boden. Nicht alle Standortfaktoren lassen sich jedoch ändern, so zum Beispiel das Klima. Lösungen dieser Art sind zudem immer mit mehr oder minder großem Aufwand verbunden und nur begrenzt durchführbar.

Makro- und Mikroklima

Das Klima spielt bei den Standortfaktoren eine übergeordnete Rolle. Von ihm hängen Witterung, Jahresmitteltemperatur, Niederschlagsmengen sowie die Bodenbildung ab. Bestimmt wird das Klima durch die geographische Breite und die Stärke des Einflusses, den ein Meer auf eine Region hat. So ergibt sich das Makroklima eines Landstrichs, das bedingt, welche Pflanzen dort angebaut werden können. Wein oder auch Pfirsich und Aprikose lassen sich zum Beispiel nur im sogenannten Weinbauklima erfolgreich kultivieren, einem wintermilden Klima mit relativ hoher Jahresmitteltemperatur.

Das Mikroklima, die besonderen Klimaverhältnisse eines begrenzten Raumes bzw. eines kleineren Landschaftsausschnitts, wird von mehreren Faktoren bestimmt. Die Lage, die Bebauung und die Bepflanzung können Temperatur, Licht- und Windverhältnisse beeinflussen. Südseitige Hänge sind meist wärmer als flache Grundstücke, eine Hecke quer zur Windrichtung verhindert übermäßige Austrocknung, Steine wirken innerhalb einer kleineren Fläche als Wärmespeicher.

Wohlschmeckende Trauben kann man in der Regel nur in Regionen mit Weinbauklima ernten

Das Klima, genauer das Makroklima, kann nur sehr begrenzt verändert bzw. beeinflußt werden, man muß sich weitgehend nach den örtlichen Gegebenheiten richten. Wichtig ist die Beachtung der klimatischen Bedingungen bei der Pflanzenauswahl, besonders bei der der Nutzpflanzen. Empfindliche Gehölze dürfen in rauhen Höhenlagen nicht freistehend gepflanzt werden, können dort aber an einer warmen Hausmauer in windgeschützter Lage durchaus gedeihen. Durch die Pflanzung einer Windschutzhecke läßt sich beispielsweise das Kleinklima eines Gemüsegartens verbessern.

Die Hauptwindrichtung spielt bei der Anlage eines Sitzplatzes eine große Rolle, denn wer will schon gerne im Zug sitzen? Wenn dort, wo Ihre Terrasse vorgesehen ist, ein scharfer Wind weht, sollten Sie eine Pergola, eine Windschutzpflanzung oder eine Mauer mit einplanen. Durch eine besondere Bebauung der Umgebung können zudem Windkanäle auftreten; der Wind wird dann unangenehm um eine Ecke pfeifen. Auch dies läßt sich durch eine spezielle Pflanzung mildern.

Im Spiel von Licht und Schatten übernehmen Bäume meist die Hauptrolle

Lichtverhältnisse

Licht ist die Energiequelle für alles Leben. Mit Hilfe des Sonnenlichts wandeln Pflanzen Kohlendioxid und Wasser zu Kohlenhydraten um, erzeugen dadurch Sauerstoff und Nahrung für Tier und Mensch. Pflanzen haben sich ganz unterschiedlich an verschiedene Lichtverhältnisse angepaßt. Es gibt sonnenhungrige und schattenverträgliche Arten, außerdem alle möglichen Zwischenstufen. Schattenpflanzen verbrennen in voller Sonne, während Sonnenpflanzen im Schatten verkümmern.

Für die Planung ist es deshalb entscheidend, die Lichtverhältnisse für jeden Teil des Gartens zu kennen, um dementsprechend die Bepflanzung auszuwählen. Besonders lichtbedürftig ist unter anderem der Gemüsegarten, hier sollte von morgens bis abends volles Licht einfallen. Notieren Sie alle Bereiche, in denen überwiegend Schatten herrscht, um dort die Pflanzung einer speziellen Schattenflora zu planen.

Bereiche mit starker Sonneneinstrahlung können durch die Pflanzung schattenspendender Bäume zu absonnigen oder halbschattigen Zonen werden. Unter Laubbäumen fällt im Frühling und Winter volles Licht auf den Boden, Nadelgehölze sorgen dagegen das ganze Jahr über für eine Beschattung.

Temperatur

Wärme und Kälte werden im wesentlichen durch das Klima, die Witterung und die landschaftlichen Details der Umgebung bestimmt. Die Höhenlage spielt ebenfalls eine große Rolle, denn mit zunehmender Höhe wird das Klima rauher, die Durchschnittstemperaturen sinken. Besondere Beachtung verlangen die Temperaturverhältnisse in Gärten, die am Hang oder am Hangfuß liegen. Kalte Luft sinkt nach unten, die Senke füllt sich mit ihr; so entsteht hier ein kühleres Mikroklima als an der Hangkuppe.

Die Temperatur läßt sich nur wenig durch Bau- oder Pflanzmaßnahmen beeinflussen, schon eher durch Kulturverfahren (zum Beispiel Folienabdeckung). Kleinräumige Wärmespeicher kann man durch Steine schaffen, etwa im Steingarten, wo besonders wärmebedürftige Pflanzen in die Nähe eines Steines gepflanzt werden. Auch eine Mauer oder eine dunkle Wand wirken als Wärmekollektoren; sie strahlen die tagsüber gespeicherte Wärme nachts wieder ab und sorgen so für höhere Lufttemperaturen.

Steine speichern Wärme; dieser Effekt läßt sich zum Beispiel im Steingarten nutzen

11

Wasserverhältnisse

Neben dem Licht ist das Wasser einer der wichtigsten Wachstumsfaktoren. Ohne Wasser könnte kein Leben existieren. Feuchtigkeit und Trockenheit bestimmen die Entwicklung der Pflanze, die Wasserverteilung im Boden ist entscheidend für das Gedeihen. Bei der Planung wird der Faktor Wasser vor allem im Zusammenhang mit dem Boden und dessen Beschaffenheit wichtig. Die Niederschlagsmengen kann keiner beeinflussen, wohl aber die Wasserhaltekraft und das Speicherungsvermögen des Bodens.

Für die Planung gilt es außerdem zu beachten, ob ein bestimmter Gartenteil besonders viel Nässe zeigt, etwa eine feuchte Senke, oder ob es Bereiche gibt, die unter extremer Trockenheit leiden. Hier muß durch entsprechende Maßnahmen wie Drainierung bzw. Bewässerung Abhilfe geschaffen werden oder eine diesen Bedingungen angepaßte Bepflanzung erfolgen.

Von Bodengare spricht man, wenn die Erde eine günstige, stabile Krümelstruktur aufweist

Boden

Der Boden ist Grundlage des Wachstums; in ihm wurzeln die Pflanzen, aus ihm beziehen sie ihre Nährstoffe, und auf ihm leben sie. Boden ist nicht gleich Boden, es gibt zahlreiche verschiedene Typen, die sich in Abhängigkeit von Ausgangsgestein, Klima und anderen Einflüssen über Jahr-

Wasser ist eine unverzichtbare Grundlage pflanzlichen Wachstums

tausende hinweg gebildet haben. Der Anteil an Sand, Lehm und Ton sowie an Humus entscheidet über die Fruchtbarkeit eines Bodens. Seine Struktur bedingt die Wasserführung und sein Ursprung den Nährstoffhaushalt.

Nur durch Beobachten läßt sich der Zustand eines Bodens nicht hinreichend feststellen. Man kann zwar prüfen, ob es sich um einen leichten oder einen schweren Boden handelt, wie stark er durchwurzelt ist und ob viele oder wenig Steine enthalten sind. Seine »inneren Werte« wie Körnung, Humusgehalt und Nährstoffgehalt dagegen lassen sich – zumindest für den Laien – nicht durch Augenschein wahrnehmen. Da all diese Faktoren aber entscheidend für die Gartenkultur sind, sollte man unbedingt eine Bodenanalyse durchführen lassen.

Bodenuntersuchung

Von etwa zehn gut über das Grundstück verteilten Stellen nimmt man mit dem Spaten Einzelproben aus den obersten 30 Zentimetern, mischt sie nach Entfernen grober Steine und Wurzeln in einem Eimer gut durch und gibt als Probe einen Teil der Mischung (meist etwa 500 g) zur Analyse in ein Bodenuntersuchungslabor. Von dort bekommt man genauen Aufschluß über die Zusammensetzung und den Nährstoffgehalt des Bodens. In Gärten mit deutlich unterschiedlichen Böden sind natürlich mehrere Mischproben notwendig.

Bodenanalysen führen – neben einigen privaten Labors – die landwirtschaftlichen Untersuchungsanstalten der Bundesländer durch. Die Adressen kann man bei den jeweiligen Landwirtschaftskammern oder auch Landratsämtern erfragen. Meist erhält man von den Untersuchungslabors ausführliche Anleitungen zur Entnahme und Aufbereitung der Proben.

Säuregrad des Bodens

Der Säuregrad des Bodens bewirkt eine Reihe von Eigenschaften, auf die sich die Pflanzen, die in der freien Landschaft an bestimmten Standorten wachsen, jeweils eingestellt haben. Als Meßgröße für den Säuregrad dient der pH-Wert, eine Zahl, die von 0 bis 14 reichen kann. Auf saurem Boden (niedriger pH-Wert, unter 5,5) siedeln nur Pflanzen, die keinen Kalk vertragen, auf basischem

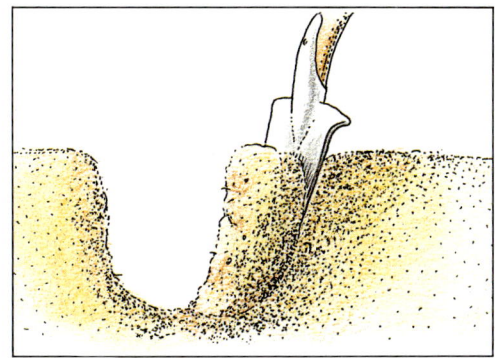

Bodenprobe: 1. An mehreren Stellen im Garten gräbt man ein Loch und sticht dann am Rand spatentief eine Scholle ab

2. Die Probe entnimmt man mit einem Löffel, der diagonal über die Scholle geführt wird. Die oberste Schicht (etwa zwei Finger breit) wird bei der Probenentnahme ausgelassen

3. Die Einzelproben werden gut durchmischt; von der Mischprobe gibt man 500 g in eine Plastiktüte, die einen Aufkleber mit der Anschrift und Angaben zum Grundstück enthält

Boden (hoher pH-Wert, über 7,4) nur kalkliebende. Die meisten Böden in Mitteleuropa sind
schwach sauer bis schwach basisch, ihr pH-Wert
schwankt um den Neutralpunkt (pH = 7). Mit
Ausnahme von speziellen Kulturen gedeihen auf
solchen Böden die meisten Pflanzen. Die Boden-
untersuchung eines entsprechenden Labors gibt
auch Auskunft über den pH-Wert; dieses Ergebnis ist wichtig für die Wahl der Pflanzen bzw.
für die Entscheidung über vorzunehmende Ver-
besserungen. Basischer Boden kann durch Zugabe
von sauer wirkenden Düngern (zum Beispiel
Ammonsulfatsalpeter) oder Torf saurer, saurer
Boden durch Untermischung von Kalk basischer
gemacht werden, wobei man in beiden Fällen sehr
vorsichtig vorgehen, also den pH-Wert nur allmählich senken bzw. anheben sollte.

Leichte und schwere Böden

Leichte Böden zeichnen sich durch einen hohen
Sandgehalt aus, sie sind leicht zu bearbeiten (daher
die Bezeichnung), lassen Wasser schnell abfließen,

*Böden mit hohem Tongehalt neigen zu Verdichtung
und Vernässung*

erwärmen sich rasch und zeigen gute Durchlüf-
tung. Nachteile sind die schlechte Wasser- und
Nährstoffspeicherung, dadurch bedingt eine
schnelle Austrocknung und Tendenz zu Nähr-
stoffmangel. Leichte Böden können ohne große
Mühe verteilt werden, der Teichaushub wird beispielsweise keine große Kraftanstrengung erfordern. Fundamente lassen sich leicht verlegen,
Pflanzflächen sind einfach vorzubereiten.

*Der Säuregrad oder pH-Wert des Bodens ist eine wichtige Größe. Die meisten Pflanzen gedeihen im schwach
sauren bis neutralen Bereich (pH 5,5 bis 7,4) am besten. In den extremen Bereichen, also auf stark sauren und
stark basischen Böden, wachsen dagegen nur wenige spezialisierte Arten*

Hoher Tongehalt ist verantwortlich für dichtgelagerte, schlecht durchlüftete, zu Staunässe neigende Böden. Sie lassen sich nur mühsam bearbeiten, klumpen leicht und erwärmen sich im Frühjahr nur langsam. Günstige Eigenschaften schwerer Böden sind ihr hohes Wasser- und Nährstoffspeichervermögen. Schon beim Bauen sollte man darauf achten, daß schwere Maschinen nur so wenig wie möglich die Erde verdichten und am besten nur auf abgetrocknetem Boden fahren. Nach dem Bau müssen schwere Böden tief gelockert werden, damit der späteren Gartenanlage keine Staunässe zu schaffen macht. Schwere wie leichte Böden sind Extreme, die jedoch in der Praxis ebenso vorkommen wie die unterschiedlichsten Zwischenstufen.

Bodenverbesserung

Schon vor den Bauarbeiten sollte man an die pflegliche Behandlung des Bodens denken, von dem später so viel erwartet wird. Die obere Humusschicht wird abgetragen und zu einem Hügel aufgeschüttet. Diese Erdmiete sollte man unbedingt bepflanzen, damit sie nicht von Wind und Regen weggeblasen, weggeschwemmt und ausgelaugt wird. Schnellwachsende und winterharte Gründüngungspflanzen wie Inkarnatklee *(Trifolium incarnatum)* oder Ölrettich *(Raphanus sativus* var. *oleiformis)* schützen mit ihrem Laub den offenen Boden und führen nach dem Absterben durch ihre Biomasse Nährstoffe zu.

Entsprechend den jeweiligen Gegebenheiten müssen Böden nach dem Bau für die Gartenanlage erst verbessert werden. Alle Baumaßnahmen wie Brunnenbohrung, Gerätehaus- oder Wegebau sollten vor der Bodenverbesserung abgeschlossen sein, damit nicht nachträgliche Arbeiten die verbesserte Erde wieder beeinträchtigen. Statt aufwendiger und teurer Bodenbearbeitungsverfahren bietet auch hier die Gründüngung eine ausgezeichnete Möglichkeit, den Boden optimal vorzubereiten. Extreme Böden müssen zusätzlich durch Einarbeiten entsprechender Zuschlagsstoffe aufbereitet werden (siehe »Entscheidungshilfe« auf der nächsten Seite).

Mit Gründüngungspflanzen wie Inkarnatklee bietet sich eine hervorragende Möglichkeit, den Boden zu verbessern und vorzubereiten

Im Handel sind spezielle Gründüngungsmischungen, oft in farbenfroher Kombination, erhältlich

---

Entscheidungshilfe
für die Bodenverbesserung

- mittelschwere → Gründüngung
  Böden
- leichte Böden → Zuschlag von Lehm,
  Humus, Gesteinsmehlen;
  Gründüngung
- schwere Böden → Zuschlag von Sand und
  Humus; Gründüngung
- verdichtete → Umbrechen, Fräsen,
  Böden   Gründüngung
- Böden mit → Zuschlag von Sand,
  Staunässe   Humus; bei Staunässe in
             der Tiefe: Tiefenlockerung,
             Drainierung
- saure Böden → Zuschlag von Kalk,
  Gesteinsmehlen
- basische Böden → Zuschlag von Wurm-
  humus, Kompost, Torf

Schadstoffbelastung

Leider gar nicht mehr so selten sehen sich Gartenbesitzer im geplanten »grünen Wohnzimmer« mit Schadstoffen konfrontiert. Schwermetalle, organische Schadstoffe, Pestizidrückstände, Stickoxide und Schwefeldioxid, seit Tschernobyl auch Radioaktivität, belasten Umwelt und Boden. Bei hohen Konzentrationen wird »gesundes« Gemüse zu einer zweifelhaften Angelegenheit. Verantwortungsbewußte Gartenbesitzer informieren sich über die Vorgeschichte des Gartens und lassen im Zweifelsfall Analysen durchführen. Stellt sich eine erhebliche Belastung mit Schadstoffen heraus, sollte man auf den Nutzgarten verzichten.

Nicht immer müssen Schadstoffe gleich hochkonzentriert auftreten. Allerdings sind auch die Abgase des Autoverkehrs, der Industrie, Schädlingsbekämpfungsmittel und sogar Dünger, übermäßig eingesetzt, als Schadstoffe zu betrachten, die Gartenpflanzen unter Umständen negativ beeinflussen können. Rauchgase aus Fabrikschloten und Auspuffen führen erwiesenermaßen zu Pflanzenschäden, ebenso Streusalze.

Manche Pflanzen reagieren auf bestimmte Schadstoffe besonders empfindlich und werden deshalb zur Messung der Luftbelastung eingesetzt; zum Beispiel die Gladiole 'White Princess' als Zeigerpflanze für Fluorwasserstoff

Um Schäden an Pflanzen gar nicht erst auftreten zu lassen, verwendet man bevorzugt sogenannte industriefeste oder rauchgasgeeignete Pflanzen. Besonders Gehölze, die sich nicht so einfach austauschen lassen wie Stauden, sollten nach diesen Kriterien ausgewählt werden. Streusalzresistente Gehölze kommen auch an Straßenrändern gut zurecht, wo im Winter oft und viel gestreut wird. Eine dicht beblätterte und auch im Winter belaubte Hecke bietet guten Schutz gegen Schadabgase. Entsprechende Gehölzarten sind auf Seite 39/40 aufgeführt.

Bestandsaufnahme des Grundstücks

Betrachten Sie Ihren zukünftigen Garten mit kritischen Blicken: Wie ist sein Grundriß, ist er beispielsweise extrem lang und schmal? Gibt es häßliche Blickpunkte (etwa eine alte Mauer, ein Schuppen auf der Nachbarseite) oder sonst etwas, was stört? Haben Sie große Bäume, die trotz der Bauarbeiten stehengeblieben sind, oder eine Hecke, die erhaltenswert scheint? Notieren Sie alles, was bewahrt oder geändert werden soll, diese Hinweise werden bei der späteren Gestaltung von großem Nutzen sein.

Lageplan

Nach der Standortanalyse und Bestandsaufnahme wird ein Plan des Gartens gezeichnet. Normalerweise haben solche Pläne einen Maßstab 1:100, das heißt, ein Zentimeter auf dem Papier entspricht einem Meter in Wirklichkeit. Kleine Gärten oder einzelne Gartenteile können auch im Maßstab 1:50 gezeichnet werden. Zur besseren Übersichtlichkeit oder aus technischen Gründen wählt man zuweilen andere Maßstäbe, wenn es um die Veranschaulichung von Sachverhalten geht.

Am einfachsten gehen Sie vom Lageplan Ihres Grundstücks aus. Grundstücksgrenzen und Lage des Hauses sowie feststehende Einrichtungen werden maßstabsgetreu übertragen. Legen Sie sich gleich mehrere Pläne zurecht, damit Sie nachher verschiedene Entwürfe durchprobieren können. Durch eine Dreiecksmessung läßt sich die genaue Lage aller Punkte ermitteln. Dazu mißt man von zwei feststehenden Punkten (zum Beispiel von den Hausecken) die Entfernung zum Objekt, dessen Position man im Plan festhalten will. Die Meßstrecken werden maßstabsgerecht umgerechnet und mit einem Zirkel vom jeweils selben Punkt ausgehend in den Plan eingetragen. Wo sich die Zirkellinien kreuzen, liegt der genaue Standort des Objektes (siehe untenstehende Abbildung). Ihre fertig vorbereiteten Pläne dienen als Grundlage für die Gestaltung. Natürlich müssen auch alle anderen Gartenteile maßstabsgetreu eingezeichnet werden, also Bäume mit ihrem entsprechenden Kronendurchmesser, Wege in ihrer entsprechenden Breite usw.

Der Lageplan des Grundstücks dient als Basis der Detailplanung. In diesem Plan werden Grundstücksgrenzen, Wohnhaus und andere bereits vorhandene Objekte festgehalten. Die Abbildung demonstriert das Vorgehen bei der Dreiecksmessung: Um die Lage der Terrasse exakt in den Plan eintragen zu können, mißt man die Entfernung zu den Ecken jeweils von zwei Punkten des Wohnhauses aus. Die Meßstrecken werden entsprechend dem Maßstab umgerechnet und mit einem Zirkel übertragen. Die Schnittstelle der beiden Zirkellinien zeigt genau und maßstabsgerecht die Lage der Terrassenecke.

Dieser Grundplan eines ca. 420 m² großen Gartens (Maßstab 1:200) wird Ihnen mehrmals im Buch begegnen und veranschaulichen, wie sich ein Gartenplan nach und nach konkretisiert

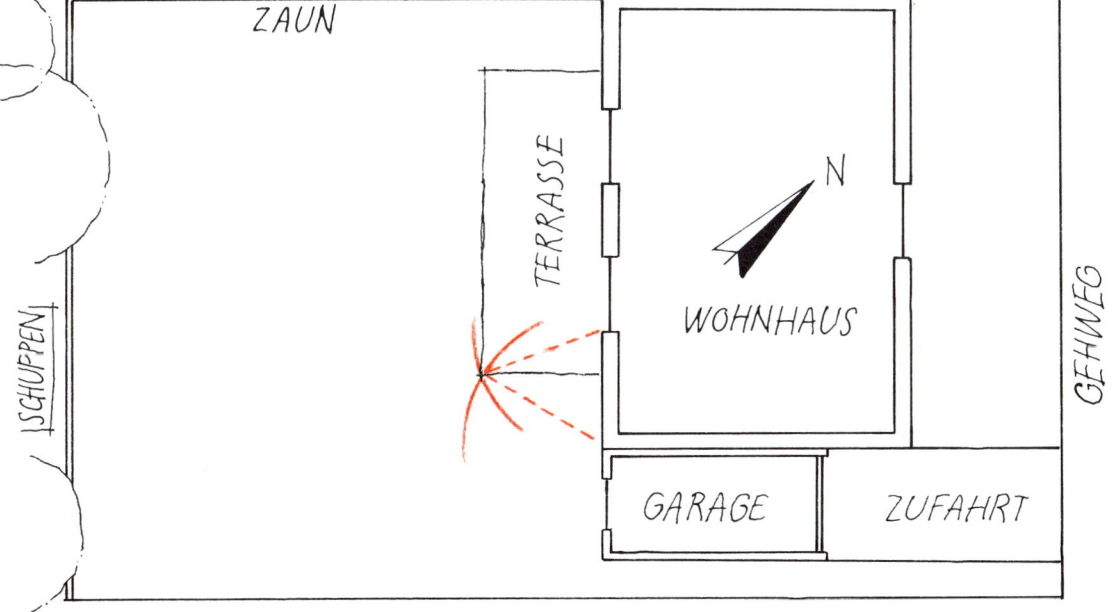

Anforderungen und Wünsche

Art der Nutzung

Notieren Sie die Ansprüche, die Sie an den Garten stellen. Soll der Garten in erster Linie nur Ziergarten sein, oder wollen Sie einen großen Nutzbereich, um selbst Gemüse und Obst zu kultivieren? Soll der Garten sich vor allem an den Bedürfnissen der Kinder orientieren, eine große Spielfläche aufweisen und viele Spielanregungen wie Sandkasten, Rutsche oder Schaukel bieten? Wollen Sie den Garten als eine Oase der Ruhe anlegen oder offen sein gegenüber den Nachbarn?

Aus der Art der Nutzung ergeben sich bereits ganz von selbst Gestaltungselemente. Wer im Garten viel werkeln will und reiche Ernten erwartet, muß ein gehöriges Stück Grund für den Gemüsegarten bereitstellen. Wer sich lieber an reicher Vielfalt und Farbenpracht erfreut, sollte großzügige Blumenrabatten einplanen. Wer den Kindern viel Platz einräumen möchte, braucht einen großen, strapazierfähigen Rasen. Wer den Garten vor

Nachdem die Standortfaktoren untersucht, die bestehenden Elemente festgestellt und in den Plan eingetragen wurden, kommen die Wünsche an den Garten zum Zuge. Stellen Sie in einer kleinen Liste alle Anforderungen zusammen, die Sie an den Garten haben. Da der Garten für alle Bewohner etwas bieten soll, geschieht dies am besten im Familienkreis, wobei alle Mitglieder sozusagen stimmberechtigt sind. Fragen Sie auch Ihre Kinder, was sie von dem grünen Wohnzimmer erwarten.

Wünsche, Anforderungen, Erwartungen müssen vor der Planung geklärt werden. Ein kindgerechter Garten beispielsweise sollte Spielmöglichkeiten und Platz zum Herumtollen bieten

allem als Ruhe- und Erholungsraum versteht, wird dichte Hecken und andere Sichtschutzmaßnahmen anlegen.

Auch einige Sonderteile des Gartens können schon bei diesen ersten Überlegungen einen festen Platz finden. Ein Zweitsitzplatz, eine Laube, ein Teich oder Sumpfbereich, eine Blumenwiese sind Träume, die sich verwirklichen lassen und nun konkret als Gartenteile eingeplant werden.

Art der Bewirtschaftung

Wie ein Garten bewirtschaftet werden soll, stellt häufig einen Streitpunkt dar. Während manche überzeugt sind, daß die alternative, ökologisch ausgerichtete Bewirtschaftung des Gartens heute zur Verantwortung eines jeden Gärtners gehört, lehnen andere diese Form ab, weil sie das Ergebnis als unordentlich oder gar ungepflegt empfinden.

Legen Sie Ihre Richtlinie fest, nach der Sie den Garten anlegen und pflegen wollen. Die klassische Bewirtschaftung verlangt gut gegliederte Gartenteile, die sauber voneinander getrennt sind. Naturnahe Gartengestaltung verlangt dagegen eine Vernetzung der Gartenelemente nach dem Vorbild der Natur und eine besonders vielfältige Gartengestaltung. Außerdem soll möglichst weitgehend die natürliche Umgebung nachgestaltet werden. Dazu gehört der Verzicht auf Bereiche mit Pflanzen, die nicht in die jeweilige Landschaft passen und zudem noch eine aufwendige Umgestaltung der Standortbedingungen erfordern würden. Beispiele für solche »Zwangsansiedlungen« wären die Anlage eines Rhododendronbeetes auf Kalkboden oder eines Heidegartens in einer Weinbaugegend.

Wer naturnah gärtnern will, duldet bewußt auch etwas »Unordnung«

Art der Gestaltung

In der Gartenanlage sollen Ihr Stil und Ihr Geschmack zum Ausdruck kommen, nur so wird sie individuell und unverwechselbar. Ebenso wie Sie eine Ihrem Lebensverhältnis angepaßte Möblierung des Hauses vornehmen, sollte auch Ihr Garten eine »Möblierung« entsprechend Ihrem Geschmack aufweisen.

Ein kühl-sachlich veranlagter Mensch wird sich in einem romantisch-verspielten Garten kaum wohl fühlen, ebenso wird ein aktiver, lebenslustiger Mensch nichts an einem monotonen Ziergarten finden. Wer die Natur beobachten möchte und sich an jeder Blüte freut, wird sich keinen formalen, zurückhaltenden Garten anlegen, sondern eher einen abwechslungsreichen Naturgarten.

Die möglichen Gestaltungsformen eines Gartens sind so vielfältig wie die von Kunst oder Architektur. Bestimmen Sie eine Grundrichtung, an der sich Ihr Garten orientieren soll. Die Anlage kann als Grundprinzip geometrisch klare Linien haben, streng gegliedert sein und ein übersichtliches Bild bieten. Geschwungene Linien wirken dagegen eher verspielt bis nostalgisch, der Garten erhält weiche Konturen. Entsprechend der Linienführung wird auch die Bepflanzung ausgewählt. Schnitthecken sind für den geometrischen Garten

Bei der konventionellen Gestaltung wird auf klar gegliederte Bereiche Wert gelegt

19

kennzeichnend, freiwachsende Hecken für den Garten mit geschwungenen Linien.

Farben bestimmen grundlegend den Reiz und die Ausstrahlung eines Gartens. Auch hier stehen viele Möglichkeiten offen. Für die spätere Gestaltung sollte auch eine Farbrichtung festgelegt werden. Sie können sich für eine lebensfrohe, bunte Mischung entscheiden oder aber für eine vorherrschende Farbe. Weiß als Hauptfarbe wirkt strahlend, elegant und kontrastreich. Gelb bringt sonnige Wärme und Glanz. Rot läßt den Garten signalartig leuchten. Blau erweitert den Garten optisch, bringt Tiefe und hat gute Fernwirkung. Pastellige Töne wie Rosa oder Violett geben dem Garten einen romantischen Anstrich. Eingebettet in beruhigendes, ausgleichendes Grün hat jede Farblösung ihr ganz besonderes Flair.

Zur Gestaltungsform eines Gartens zählen noch weitere Kriterien. Düfte spielen heute wieder eine große Rolle. Für manche Menschen sind sie so entscheidend am Erlebnis Garten beteiligt, daß sie sich einen Duftgarten wünschen, in dem man eher mit der Nase durch den Garten geht als mit den Augen. Zu einem Duftgarten gehören unbedingt Gewürzkräuter, Duftrosen und aromatische Stauden. In voller Sonne können sich die Düfte besonders intensiv entwickeln.

Für Liebhaber bestimmter Pflanzengruppen ergibt es sich eigentlich ganz von selbst, diesen besonders viel Platz einzuräumen. Rosenfreunde werden den Garten überwiegend mit Rosen gestalten wollen, in aller Formenvielfalt, die die Königinnen der Blumen zu bieten haben. Der Kräuterliebhaber wird Gewürze und Küchenkräuter in allen Bereichen einplanen, wer die Alpenflora schätzt, wird einen großzügig bemessenen Lebensraum für diese Arten anlegen.

Geschwungene Linien und Pastellfarben wie Rosa und Violett kennzeichnen den romantischen Garten. Sparsam verwendete kräftigere Töne setzen Akzente

Zeit- und Pflegeaufwand

Ein Garten bringt nicht nur Erholung und Ruhe, er fordert auch mehr oder weniger viel Zeit für die Pflege. Da sind Hecken zu schneiden, Rasen muß gemäht, Unkraut muß kurz gehalten werden. Was der eine als wohltuenden Ausgleich zum Beruf empfindet, mag dem anderen eher lästig erscheinen. Der spätere Aufwand an Zeit und Mühe läßt sich schon bei der Planung in etwa festlegen, da bestimmte Gartenbereiche und Pflanzen deutlich mehr Engagement verlangen als andere.

Pflegeleichte Gärten

Trotz zunehmender Freizeit wollen viele Gartenbesitzer möglichst wenig Aufwand bei der Pflege des Gartens haben. Sie verbringen ihre Zeit lieber mit anderen Dingen oder haben eine Abneigung gegen Gartenarbeiten. Andererseits können sich vor allem ältere oder behinderte Menschen aus gesundheitlichen Gründen nur wenig mit Gartenarbeit beschäftigen. Es gibt zwar keinen Garten, der überhaupt nicht gepflegt werden muß, aber durch geschickte Anlage läßt sich der Aufwand relativ gering halten.

In einem pflegeleichten Garten herrschen robuste, langlebige Pflanzen vor, die wenig gedüngt und geschnitten werden müssen. Ausdauernde Stauden füllen die Beete, Hecken dürfen frei wachsen. Bodendecker unterdrücken Unkraut, naturnahe Pflanzengemeinschaften bilden dichte Teppiche. Je besser die Bepflanzung auf die jeweiligen Standortbedingungen ausgerichtet ist, desto weniger Pflege wird sie erfordern. Die Gartenarbeit beschränkt sich auf Rasenmähen und gelegentliches Ausschneiden der Gehölze; bei anspruchslosen Arten im Staudenbeet genügen ab und an durchgeführte Schnittmaßnahmen.

Wer Gartenarbeit betreiben möchte, dies aber aus körperlichen Gründen nur mit Einschränkungen tun kann, sollte den Garten auf besondere Weise einrichten. Hochbeete erleichtern die Arbeit, da sie bequem ohne Bücken zu erreichen sind. Breite Wege bieten sicheres Gehen und Stehen. Schmale Beete sind von allen Seiten einfach zu pflegen. Mehrere gut verteilte Wasserstellen sorgen für kurze Wege und erleichtern so das Gießen. Auch an einige Sitzgelegenheiten für Pausen sollte man denken.

Der »Gartengenießer« kann sich zwischen Staudenbeeten und freiwachsenden Hecken gut entspannen

Pflegeintensive Gärten

Wer Zeit und Lust hat, sich im Garten zu betätigen, wird auch Gartenteile einplanen, die mehr Pflege brauchen. Den meisten Zeit- und Arbeitsaufwand erfordert der Nutzgarten. Je intensiver die Nutzpflanzenkultur betrieben wird, desto mehr Aufwand ist nötig. Obstbäume müssen geschnitten, Gemüsepflanzen vorgezogen und versorgt werden. Wer dazu noch Frühbeet und Gewächshaus nutzen will, sollte seine Zeit für die Gartenarbeit reichlich bemessen.

Besonders anspruchsvoll ist meist auch der Steingarten. Nicht nur das Anlegen, sondern auch die Pflege der oft empfindlichen Pflanzen erfordern eine hohe Bereitschaft, täglich im Garten zu arbeiten. Ebenfalls auf die intensive Pflege des Gärtners angewiesen sind einige weitere Pflanzenarten, zum Beispiel Edelrosen oder Prachtstauden. Empfindliche Pflanzen, wie etwa exotische Gehölze oder nicht winterharte Stauden, müssen besonders aufmerksam versorgt und umhegt werden, man denke nur an den erforderlichen Winterschutz.

Geduld lohnt sich: Eine anfangs recht spärlich wirkende Bepflanzung...

...entwickelt sich nach wenigen Jahren zu einem ansehnlichen Gartenschmuckstück

Dichte der Bepflanzung

Schon einen Schritt weiter bei der Gestaltung gehen die Überlegungen zu der Sofortwirkung eines neuangelegten Gartens. Dennoch sollte dies bereits bei der Grundplanung berücksichtigt werden. Wenn der Garten schnell ein geschlossenes Bild bieten soll, wird man zum einen vorwiegend raschwachsende Arten wählen, zum anderen viele Pflanzen dicht nebeneinander setzen. Besonders bei den Gehölzen ergeben schon große, ältere Exemplare viel schneller eine eingewachsene, dichte Bepflanzung als junge Pflanzen. Für den raschen Erfolg muß allerdings in Kauf genommen werden, daß man schon bald die Bestände auslichten muß und der finanzielle Aufwand für die Bepflanzung sehr viel höher wird.

Hat man dagegen mehr Geduld, um zu warten, bis ein geschlossenes Bild entsteht und der Garten eingewachsen ist, bleiben der Pflanzenbedarf und die Kosten geringer. Anfangs können Sommerblumen helfen, Lücken zu füllen.

Bei der Errechnung des Pflanzenbedarfs geht man von seinem Gartenplan aus. Für kleine Stauden, Polsterpflanzen und Bodendecker werden von vielen Gärtnereien Stückzahlen pro Quadratmeter empfohlen, nach denen man sich richten kann.

Von der Wunschliste zur Planung

Am Ende der Überlegungen müssen Sie Ihre Liste genau prüfen. Ist die Wunschliste sehr lang, muß meist aus Platzgründen auf einiges verzichtet werden. Streichen Sie die Wünsche, die Sie nicht favorisieren, bevor Sie zuviel in den Garten hineinpacken. Ein Garten kann ebenso wie ein Zimmer überladen wirken und unwohnlich werden, wenn er mit zu vielen »Möbeln vollgestellt« wird. Oft ist eine sparsame Einrichtung besser als eine zu üppige. Was anfangs noch zusammenpaßt, kann durch das Wachstum der Pflanzen mit der Zeit erdrücken – optisch wie auf den Standraum der Einzelpflanze bezogen. Einige Gartenteile lassen sich auch nachträglich im eingewachsenen Garten realisieren, wenn sich doch noch Raum dafür bietet. Einen Gartenteich kann man leicht nach Jahren in die Rasenfläche einfügen, dagegen wird man kaum einen angelegten Teich wieder zuschütten wollen, wenn sich die Rasenfläche als zu klein erweist.

Bauliche Einrichtungen

Bei der Ausarbeitung des Gartenplans müssen auch alle Baumaßnahmen berücksichtigt werden. Nachdem ungefähr die Plazierung der Gartenteile und -bereiche feststeht, sind – gleichsam einer Infrastrukturplanung – Wege, Wasseranschlüsse, Gartenhäuschen und andere Einrichtungen festzulegen, bevor die Bepflanzung geplant werden kann. Nachfolgend sollen zu den Baumaßnahmen jeweils nur Anregungen gegeben werden, da eine detaillierte Beschreibung aller möglichen Ausführungen den Rahmen dieses Buches sprengen würde. Gerade bei speziellem Zubehör und Baumaterialien für den Garten ist das umfangreiche Angebot des Handels fast unüberschaubar. Man sollte sich deshalb vor dem Kauf möglichst genau informieren (Zeitschriften, Verbraucherberatung usw.).

Langsam wird der Lageplan von Seite 17 zum Gartenplan. Zuvor geklärte Wünsche und Anforderungen haben bereits zu einer ersten, noch skizzenhaften Gartenaufteilung und -einrichtung geführt: so der Wunsch nach viel Platz zum Sitzen mit Freunden ①, andererseits nach einer ruhigen Sitzecke mit Sichtschutz ②; der Traum von einem Teich als Blickfang, der von beiden Sitzplätzen gut einsehbar ist ③. Die Besitzer möchten außerdem frisches Gemüse ernten ④ und Besucher mit einem attraktiven Empfangsbereich ⑤ willkommen heißen. Obwohl sich während der Detailplanung noch einiges ändern kann, sollte man nun bereits an die nötige »Infrastruktur« denken, zum Beispiel an Wege, Wasserleitungen (blau) und Stromleitungen (rot). In diesem vorläufigen Plan werden nur die ungefähre Lage und Größe der vorgesehenen Gartenteile vermerkt

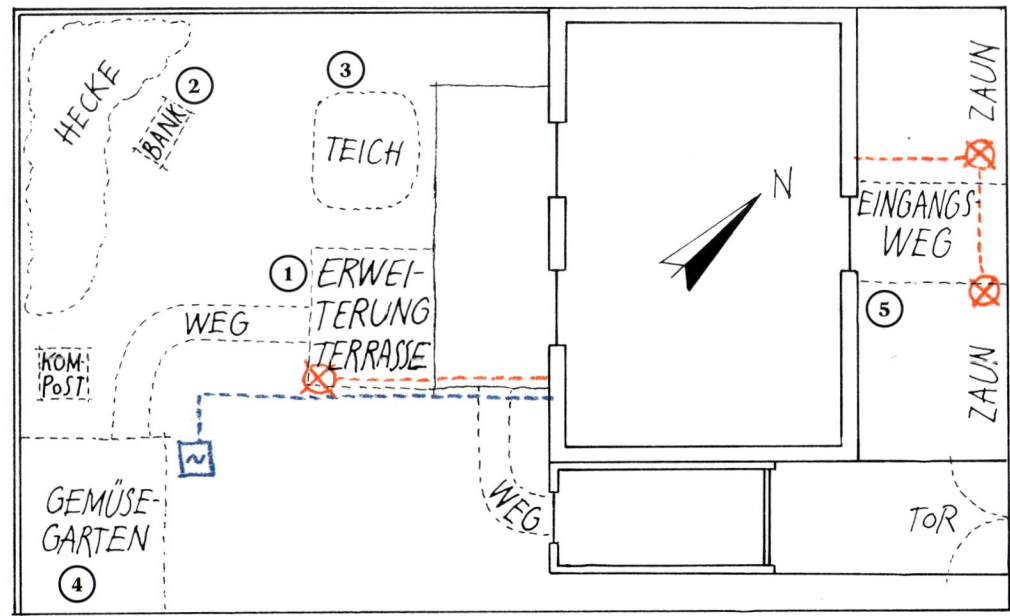

Wege und Stege

Wege erschließen den Garten, auf ihnen gelangt man nicht nur trockenen Fußes von einem Punkt zum anderen, von ihnen aus kann man auch den Garten erleben. Mit einem Weg werden alle wichtigen Punkte des Gartens miteinander verbunden, beispielsweise die Terrasse mit dem Zweitsitzplatz oder der Eingang mit dem Nutzgarten.

Wegeführung

Wege sollen niemals einen Garten zerschneiden, sondern die einzelnen Gartenteile verbinden. Durch ihre Führung und Anlage kann man das Gesamtbild des Gartens entscheidend beeinflussen. Die Linie und das Material müssen auf die Gesamtgestaltung abgestimmt sein. Geschwungene oder versetzte Wegeführung läßt einen Garten durch eine längere Wegstrecke großzügiger erscheinen. Gerade, lange Wege wirken in großen Gärten eher teilend, in kleinen Gärten können sie dagegen durchaus eine klare Gestaltungslinie unterstützen.

Besonders interessant werden Wege dann, wenn sie scheinbar ins Ungewisse führen. Durch Versetzungen, die mit hohen Gewächsen die Sicht versperren, oder durch gebogene Führung entlang einer Hecke machen sie den Gartenspaziergang spannend. Geleiten Wege dann noch zu einem versteckten Gartenteil, zum Beispiel zu einer Laube oder zu einem besonders schönen Gehölz, geht man sie gerne immer wieder bis zum Ende.

Wegbreiten

Je nach vorgesehenem Zweck muß ein Weg eine angemessene Breite aufweisen. Ein Hauptweg, der viel begangen wird und auch mit einer Schubkarre bequem zu befahren sein soll, braucht eine Mindestbreite von 90 cm. Im Eingangsbereich, also im Vorgarten, sollte der Weg 120–150 cm breit angelegt werden, damit auch zwei Personen problemlos nebeneinandergehen können. Im hinteren Gartenbereich sowie im Nutzgarten genügen Wegbreiten von 40–50 cm, zwischen Gemüsebeeten können sie sogar noch schmaler sein.

Harmonisch eingefügter Weg mit Natursteinplattenbelag und Polsterstauden als Begleitern

Die für Hauptwege vorgesehene Mindestbreite von 90 cm kümmert den Duftsteinrich hier nicht; vom Gärtner geduldet, nimmt er einen Teil der Fläche für sich in Anspruch

Farben- und Formenspiel: Natursteinpflaster aus verschiedenfarbigem Granit

Trittplatten geleiten hier trockenen Fußes über den Rasen, ohne ihn optisch zu zerschneiden. Der sich anschließende Weg führt scheinbar ins Ungewisse und schafft Spannung

Beläge

Wege, die voraussichtlich häufig begangen werden, erhalten einen Belag aus harten, dauerhaften Platten oder Steinen. Das Material sollte man passend zum Charakter des Gartens wählen. Natursteinpflaster, Tonziegel, Bruchsteinplatten und viele andere Belagarten bietet der Handel in reicher Auswahl. Holzpflaster, Bohlen oder Kies wirken natürlich und fügen sich gut in die Bepflanzung ein. Untergeordnete, weniger begangene Wege können auch mit weichem Belag ausgestattet werden, auf Rindenmulch oder auf dem Rasenweg läuft es sich wie auf Samt. Sehr naturnah muten Beläge mit Pflanzfugen oder aus Gittersteinen an; sie lassen viel Raum für durchwachsendes Grün.

Trittsteine

Leichter und weniger kompakt als geschlossene Beläge wirken Trittsteine, die die gleiche Funktion wie ein Weg erfüllen. Um gut begehbar zu sein, sollten die Trittsteine eine Größe von 40 x 40 cm haben. Einzelne Platten, Natursteine oder flache Findlinge, aber auch Holzscheiben oder Kanthölzer werden in gleichmäßigem Abstand in Rasen, in Beete oder auch über flache Teichzonen verlegt. Dabei ist das richtige Schrittmaß (60–65 cm Abstand von Plattenmitte zu Plattenmitte) zu beachten.

Garageneinfahrt und Autostellplatz

Nur allzu häufig wirken die breiten und versiegelten Garageneinfahrten in einer sonst gelungenen Gartenanlage störend. Werden Einfahrten und Stellplätze allerdings so gestaltet, daß sie nur ein Mindestmaß an Befestigung aufweisen, und ansprechend mit Pflanzen umgeben, drängen sie sich nicht zu stark ins Bild. Rasengittersteine oder schmale Fahrspuren genügen meist schon für eine ausreichende Befestigung. So bleibt der Flächenverlust für die Bepflanzung gering. Bewachsene Pergolen als Überbauung oder die Einfahrt überdachende Baumkronen rücken zusätzlich lebendiges Grün in den Vordergrund.

25

Treppen

Höhenunterschiede von mehr als 5% sollten mit Treppen verbunden werden. Oft liegt die Terrasse gegenüber dem übrigen Gartenniveau erhöht; einige Stufen verbinden dann bequem Haus und Garten. Die optimale Stufenhöhe liegt bei 10–17 cm. Zur Bestimmung der idealen Stufentiefe geht man von der Schrittlänge und der Stufenhöhe aus. Nach der Formel »zweimal Stufenhöhe plus Stufentiefe ergibt die ideale Schrittlänge von 67 cm« kann man die erforderliche Tiefe leicht ausrechnen.

Treppen werden immer mit einheitlicher Tiefe und Höhe der Stufen angelegt, sofern nicht deutlich sichtbare Absätze bewußt eingeplant sind. Ungleich hohe Stufen sind gefährliche Stolperfallen. Man unterscheidet verschiedene Stufentypen. Stellstufen bestehen aus Front- und Auftrittplatten, Legstufen aus aufeinandergeschichteten Platten und Blockstufen aus massiven Quadern. Um ein gleichmäßiges Gesamtbild zu erzielen, sollten Treppen stets aus dem gleichen Material gebaut werden, aus denen auch Wege und Mauern bestehen.

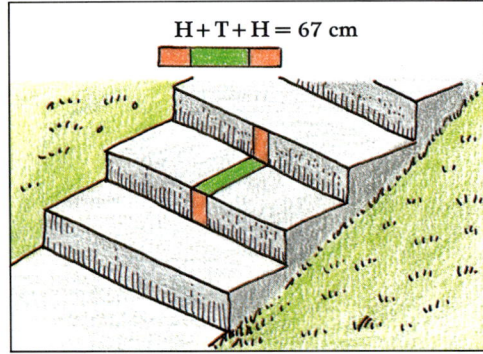

Mit der »Treppenformel« läßt sich die optimale Stufentiefe einfach errechnen: Stufentiefe (T) = 67 cm Schrittlänge – 2 x Stufenhöhe (H). Bei einer vorgesehenen Stufenhöhe von 12 cm kommt man so zu einer wünschenswerten Tiefe von 43 cm

Sitzplätze

Sitzplätze sind die Kommunikationsräume im Garten schlechthin. Auf ihnen sitzt man gemütlich beim Kaffee, nimmt ein Sonnenbad oder feiert Feste. Sitzplätze können großzügig bemessen sein und einer großen Runde Platz bieten oder aber nur als lauschiges Ruheplätzchen für eine Person vorgesehen werden.

Terrasse

Terrassen liegen naturgemäß am Haus. Sonnig und warm, meist nach Süden ausgerichtet, stellt die Terrasse den Platz dar, an dem sich im Sommer das meiste Leben abspielt. Planen Sie Ihre Terrasse nicht zu klein, die Größe orientiert sich an der Anzahl der Bewohner und an der Größe des Gartens. Eine Faustregel besagt, daß eine Terrasse so groß wie ein Wohnzimmer (etwa 30–40 m²) sein soll – und das ist sie schließlich auch, ein Wohnzimmer unter freiem Himmel.

Um nicht wie auf dem Präsentierteller zu sitzen, sollte man die Terrasse durch eine Pergola oder eine entsprechende Vorpflanzung neugierigen Blicken entziehen. Ein Laubdach oder ein Sichtschutzzaun schützen außerdem noch vor zuviel Sonne an heißen Tagen. Die Möglichkeiten der Ausführung und Einrichtung von Terrassen sind so vielgestaltig wie die Gärten selbst. Immer müssen auch hier Beläge und Formen zur Gesamtanlage passend gewählt werden.

Zweitsitzplatz

Abwechslung ins Gartenleben bringt ein zweiter Sitzplatz im grünen Wohnzimmer. Als Gegensatz zur sonnigen Terrasse angelegt, kann ein kühler, schattiger Sitzplatz im hinteren Gartenbereich schnell zum Lieblingsaufenthalt im Sommer werden. Ein besonders ruhiges Plätzchen mit einer schönen Bank wird als wahre Oase empfunden, die man bald nicht mehr missen möchte. Ein Zweitsitzplatz kann, muß aber nicht die Ausmaße für eine größere Runde haben. Planen sollte man einen Zweitsitzplatz immer als Kontrapunkt zur Terrasse, also so, daß er völlig andere »Sitzeigenschaften« bietet. Die Ausführung – ob mit lauschiger Bank oder großzügiger Bestuhlung – bleibt ganz Ihren Wünschen überlassen.

Eine berankte Pergola schützt den Sitzplatz auf der Terrasse vor sommerlicher Hitze und neugierigen Blicken

Laube und Pergola

Eine Laube ermöglicht als kleines Häuschen im Garten auch bei Regenwetter den Aufenthalt im grünen Wohnzimmer. Meist in leichter, filigraner Holzbauweise ausgeführt, sind Gartenlauben aus romantischen Gärten gar nicht wegzudenken, können aber auch in modernen Anlagen einen Anziehungspunkt und Blickfang darstellen, wenn sie in ihrem Baustil dem Gartencharakter entsprechen. Als Untergrund sollte immer eine befestigte Fläche vorhanden sein, damit Tisch und Stühle sicher stehen. Zur Laube wird das Häuschen aber erst, wenn es üppig bepflanzt und von einem dichten Laub- und Blütenvorhang umspielt ist.

Die Pergola (italienisch für Laubengang) setzt attraktive Akzente durch Bauweise und Bepflanzung. Sie kann nicht nur Sicht- und Windschutz an der Terrasse bieten, sondern zum Beispiel auch einen Weg oder eine Einfahrt überdachen. Frei im Garten aufgestellt ist die zweiholmige Pergola als Überdachung eines Sitzplatzes ebenso hübsch wie als Schattenspender für ein besonderes Beet. Einholmige Pergolen dienen wie Rundbögen als begrünte Durchgänge und können als Entree den Eingangsbereich oder einen abgegrenzten Gartenteil schmücken.

Im ruhigsten Winkel plaziert und mit einer einfachen Bank versehen, kann der Zweitsitzplatz zur stillen Attraktion des Gartens werden

Erst die Bepflanzung macht das Gartenhäuschen zu einer richtigen Laube; zur Begrünung bieten sich besonders Kletterpflanzen an

27

Zäune und Umfriedungen

Als persönlicher Bereich wird ein Garten von der Umgebung abgegrenzt, im wahrsten Sinn des Wortes »umfriedet«. Deutliche Grenzen ziehen Zäune, die aus verschiedenen Materialien bestehen und in verschiedenen Ausführungen gesetzt werden können. Dabei bewährt sich der Grundsatz, daß die einfachsten Zäune meist auch die schönsten sind. Je aufwendiger und ausgefallener sich ein Zaun darstellt, desto weniger wird er sich dem Garten unterordnen, desto mehr wird er Blickfang. Das kann unter Umständen ein beabsichtigtes Gestaltungselement sein, wirkt aber nur allzuoft störend und trennend.

Statt eines Zaunes gibt es weitere gestalterische Möglichkeiten, die Gartengrenzen zu markieren. Eine schöne Hecke oder ein kleiner Wall, mit Büschen und Stauden bepflanzt, können ebenso eine Alternative sein wie zum Beispiel eine Trockenmauer oder eine üppige Staudenrabatte. Wer sich mit dem Nachbarn gut versteht, kann vielleicht ganz auf eine optische Grenzziehung verzichten. Dadurch wirken vor allem schmale Reihenhausgärten großzügiger. Gerade hier bietet sich als weitere Möglichkeit auch ein Obstspalier an.

Mauern halten an stark befahrenen Straßen Lärm und Staub ab, sie schützen schnell und dauerhaft. Während eine Hecke Jahre braucht, sich voll zu entwickeln, gibt eine Mauer sofort den erwünschten Schutz. Allerdings halten Mauern nicht nur Schall und Schmutz ab, sondern auch Licht und sind oft auch keine besonders ästhetischen Gestaltungselemente. Für die Errichtung einer Mauer müssen gesetzliche Bestimmungen beachtet werden, die in den Gemeinden und Ländern differieren.

Wasser und Licht

Wie im Haus wird man auch im Garten auf Wasser- und Lichtanschlüsse nicht verzichten wollen. Ein Brunnen liefert Gießwasser, Leuchten sorgen für Sicherheit bei Nacht.

Wasseranschlüsse

Bei der Planung sollte bedacht werden, wo man im Garten Wasser braucht. Eine Leitung, die zum Gemüsegarten führt, erspart lästiges Wasserschleppen, ein Wasserhahn an der Terrasse liefert Gießwasser für Kübelpflanzen. Wasserleitungen müssen natürlich vor der Bepflanzung und entsprechend sicher verlegt werden. Ist der genaue

Ein einfacher Zaun ist meist die beste Lösung

Verlauf der Rohre im Plan vermerkt, wird ein eventueller Schaden durch spätere Anlagen, die in die Tiefe gehen (zum Beispiel eine Teichanlage, Pflanzen eines Großgehölzes), von vornherein vermieden. Statt eines grauen Hahnes, der ohne Bezug im Garten steht, kann der Anschluß in Verbindung mit einem kleinen Wannenteich oder einem Sumpfbeet plaziert werden.

Brunnen

Ein Brunnen spendet das lebensnotwendige Naß in Hülle und Fülle, mit einem Pumpschwengel wird es aus der Tiefe heraufgeholt. Brunnen in den verschiedensten Formen sind nicht nur nützlich, sondern auch hübsche Gestaltungselemente. Vor der Bohrung muß allerdings eine Genehmigung bei der zuständigen Behörde eingeholt werden, eventuell ist auch eine Untersuchung der Wasserqualität erforderlich.

Licht- und Stromanschlüsse

Licht sorgt nachts für Sicherheit, ausreichend beleuchtete Wege und vor allem Stufen stellen keine Gefahrenquellen mehr dar. Zudem lassen sich mit Licht schöne Effekte erzielen, etwa durch die Beleuchtung einer besonders attraktiven Pflanze oder einer Wasserglocke. Planen Sie genügend Lichtquellen vor allem entlang der Zugangswege ein, ebenso an allen gefährlichen Stellen wie Schwellen oder Treppen. In größeren Gärten können ein oder mehrere zusätzliche Stromanschlüsse durchaus nützlich sein, etwa für den Einsatz von elektrischen Gartengeräten.

Die erforderlichen Leitungen müssen selbstverständlich sicher verlegt und ebenso wie Wasserleitungen im Plan eingezeichnet werden. Absolut wasserfeste und speziell isolierte Kabel sind ebenso unabdingbar wie technisch einwandfreie Leuchten. Die Kabel verlegt man am besten unterirdisch und nur dort, wo später keine Grabarbeiten nötig werden. Durch darübergelegte Firstziegel oder durch eine Rohrleitung sind sie vor Beschädigung durch Bodenbearbeitungsgeräte geschützt. Oberirdisch verlaufende Kabel sollte man möglichst nicht verwenden. Wenn es sich nicht vermeiden läßt, müssen sie entsprechend sicher verlegt und geschützt werden. In jedem Falle sollte man auch hier einen Fachmann zu Rate ziehen.

Äußerst nützlich: ein gut zugänglicher Brunnen in der Nähe des Nutzgartenbereichs

Mehr Sicherheit an Wegen und Treppen, gleichzeitig bezaubernde Atmosphäre am Abend – zwei gute Gründe, bei der Planung auch an Gartenleuchten zu denken

Lärm- und Sichtschutz

Die am häufigsten eingesetzten Lärm- und Sicht-
schutzvorrichtungen sind Hecken. Näheres dazu
erfahren Sie im Kapitel »Gehölze«. Daneben gibt es
weitere Möglichkeiten, sich Schall und Blicken
zu entziehen. Besonders der Lärmschutz ist in
heutiger Zeit eine häufig erforderliche Einrichtung, denn Lärm kann erwiesenermaßen krank
machen. Abgesehen davon stört er einfach
beträchtlich und macht jede Erholung zunichte.
Der Handel hat schon lange auf die gestiegene
Nachfrage nach speziellen Lärmschutzeinrich-
tungen reagiert und bietet eine Fülle verschiedener
Systeme an. Fertigbauelemente aus Holz und
Beton sind leicht aufzustellen und bieten wirk-
samen Schutz, viele von ihnen lassen sich zudem
dekorativ bepflanzen. In Selbstbauweise kann
auch ein entsprechend hoher Wall oder ein Wall
in Kombination mit einem Zaun oder einer
Bepflanzung errichtet werden. Unter Umständen
gibt es für eine solche Maßnahme sogar finanzielle
Unterstützung, sei es durch Zuschuß oder durch
steuerliche Ermäßigungen.

Lärmschutzwall aus Fertigbauelementen

Für Sichtschutz kann man mit viel geringerem
Aufwand sorgen. Die Terrasse oder der Sitzplatz
läßt sich durch einen einfachen Flechtlamellenzaun oder eine berankte Pergola vor störenden
Blicken schützen. Ein Sichtschutz sollte nie zu
massiv und klobig errichtet werden, da er sonst
unproportioniert wirkt und den Lichteinfall min-
dert. Ein luftiges Scherengitter oder eine durch-
brochene Wand wehren ungebetene Blicke hinreichend ab, lassen immer noch Licht hindurch.
Sichtschutz kann auch eine Bepflanzung bieten,
etwa ein schöner großer Bambus oder eine
Strauchrose.

Solche Sichtschutzwände aus Holz lassen sich auch gestalterisch einsetzen

Eine Wildrosenhecke bietet im Sommer blühenden Sichtschutz

Kompostplatz

Der Komposthaufen stellt die beste Möglichkeit dar, den im Garten anfallenden Abfall nutzbringend zu verwerten. Außerdem entlastet er die Hausmülltonne erheblich. Vielerorts wird die Aufstellung eines Kompostbehälters bezuschußt; erkundigen Sie sich bei Ihrer Gemeindeverwaltung. Eine Kompostecke hat in jedem noch so kleinen Garten Platz und nimmt Heckenschnitt, Gemüsereste, Laub und Pflanzenabfall auf. Durch die Verrottung wird aus den Abfällen wertvolle Erde, die den Gartenboden nachhaltig verbessert und entzogene Nährstoffe wieder zuführt.

Planen Sie einen Kompostplatz von Anfang an mit ein. Der Kompost braucht einen halbschattigen, geschützten Standort, er darf weder austrocknen noch vernässen. Auf gewachsenem Boden wird der Kompost entweder als Miete (in großen Gärten) oder in speziellen Behältern gesammelt. Sinnvoll ist die Aufstellung von mindestens zwei Kompostbehältern; ist der erste gefüllt, kann der Kompost dort ausreifen, während dann der zweite die Abfälle aufnimmt.

Kompostmieten benötigen etwas mehr Platz und sind deshalb eher für große Gärten geeignet; im Hintergrund reifer, durchgesiebter Kompost

Kompostgestell aus Brettern

31

Gartenteile

finden Sie Hinweise und Anregungen, wie Sie Gehölze, Stauden, Steine und Wasser im Garten gestalterisch einsetzen können. Probieren Sie mehrere Möglichkeiten auf dem Papier und mit dem Gartenplanspiel im Anhang durch, und entscheiden Sie sich dann für die Lösung, die der ganzen Familie am besten zusagt.

Gehölze

Erst die Vielfalt der Lebensräume macht den Garten so richtig zu einer Oase. Eine Rasenfläche ist noch lange kein Garten, dazu fehlen Blumenbeete, Hecken und Bäume. Entsprechend Ihren zuvor geklärten Wünschen und Anforderungen können Sie nun aus den unzähligen Möglichkeiten wählen und Ihren Garten mit verschiedenen Elementen ausstatten. Gehen Sie dabei wieder ähnlich wie bei der Möblierung einer Wohnung vor.

Nach der Festlegung aller baulichen Einrichtungen verteilen Sie auf der übrigen Fläche die »grünen« Teile des Gartens. In den folgenden Kapiteln

Bäume und Sträucher haben für das Ökosystem unserer Erde eine große Bedeutung; ohne sie wäre kein Leben in der jetzigen Form möglich. Das Waldsterben und die Abholzung der tropischen Regenwälder machen uns diese Problematik leider nur allzu deutlich. Um so wichtiger ist es, gerade im eigenen Garten den Gehölzen ihren Platz zu geben und so einen – wenn auch kleinen – Beitrag zur Erhaltung unserer Lebensbedingungen zu leisten.

Wer freut sich zudem nicht darüber, wenn nach dem langen Winter an den Zweigen das erste Grün erscheint und sich die ersten Blüten öffnen?

Wer die Vielfalt der Gehölze nutzt, kann ausschließlich mit ihnen ganze Gartenbereiche gestalten; lediglich Bambus und einige Stauden unterstützen hier die Wirkung von Ahorn, Essigbaum, Kiefer & Co.

Wer sitzt nicht gerne unter einem schattigen Laubdach, wenn im Sommer die Sonne brennt? Im Herbst leuchten die Blätter in warmen Farben, im Winter beleben immergrüne Gehölze und Sträucher mit bunten Früchten den sonst tristen Garten. Aber nicht nur fürs Auge sind die Gehölze eine Wohltat, sie erfüllen auch vielfältige ökologische Funktionen. Durch die enorme Wasserverdunstung erhöhen sie die Luftfeuchtigkeit und sorgen für ein ausgeglicheneres Klima. Ohne den Sauerstoff, der bei ihrer Photosynthese freigesetzt wird, könnten Menschen und Tiere nicht leben. Vielen Tieren bieten die Gehölze Nahrung und Lebensraum, und auch der Mensch profitiert von den Früchten und dem Holz, die sie liefern.

Wie schon an anderer Stelle erwähnt, bilden die Gehölze das Grundgerüst des Gartens. Sie umfrieden das Grundstück, teilen Bereiche ab, geben Lärm- und Sichtschutz, schaffen verschwiegene Winkel, gliedern den Garten. Da ein großes Gehölz nur mit ungleich mehr Mühe und Risiko versetzt werden kann als zum Beispiel eine Staude, muß die Auswahl der geeigneten Art für den jeweiligen Standort sehr sorgfältig erfolgen. Berücksichtigen Sie die spätere Größe und die Kronenform. In einem kleinen Reihenhausgarten ist eine große Eiche oder eine Rotfichte sicher fehl am Platz. Lassen Sie sich von einer »niedlich« ausse-

henden Jungpflanze oder dem Hinweis, das Gehölz könne durch Schnitt klein gehalten werden, nicht täuschen. Allzuoft entwickelt sich das Bäumchen allmählich zu einem Riesen und erschlägt schließlich den Garten. Am besten lassen Sie sich von Fachleuten beraten. Kaufen Sie gerade bei Gehölzen nur Qualitätsware. In einer guten Markenbaumschule können Sie die Gehölze auch gleich besichtigen. Unter der Vielzahl der im Handel angebotenen Arten und Sorten findet jeder seinen »Traumbaum«.

Nachdem die Bestandsaufnahme einerseits des Vorhandenen, andererseits der Gartenwünsche schon zu einer ungefähren Aufteilung geführt hat, erhält der Plan durch Gehölze seine »grüne« Struktur. In unserem Beispiel werden Bäume und Sträucher sparsam und gezielt eingesetzt und erfüllen dabei verschiedene Funktionen: Sichtschutz, Sonnenschutz, Raumgliederung und nicht zuletzt Blickfang und Zierde. Schon in der Planungsphase müssen unbedingt Endgröße und späterer Kronenumfang berücksichtigt werden. Bei Auswahl geeigneter Gehölze spielen zudem die Standortbedingungen eine wichtige Rolle

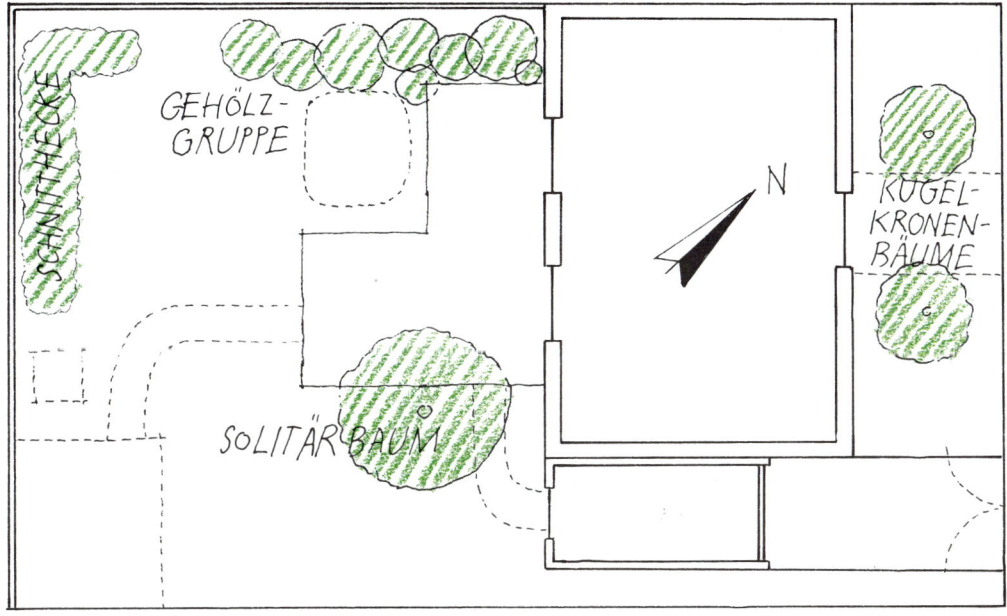

Im Schatten von Laubbäumen läßt es sich im Sommer gut aushalten; die benachbarte Bepflanzung muß jedoch mit gemindertem Lichteinfall zurechtkommen

Ob die Wahl auf ein Laub- oder Nadelgehölz fällt, ist nicht nur Geschmackssache. Beide haben ihre Vor- und Nachteile. Laubgehölze bieten das Jahr über ein immer wechselndes Schauspiel. Im Sommer schützen die Blätter vor neugierigen Blicken, im Winter lassen die kahlen Zweige die wärmenden Sonnenstrahlen passieren und das Licht durch den Garten fluten; unter einem Laubbaum kann man in der warmen Jahreszeit im Schatten sitzen und spielen. Dafür sind fast alle Nadelbäume auch im Winter grün und bieten das ganze Jahr hindurch Sichtschutz, ein Argument, das häufig die Entscheidung zugunsten der Nadelgehölze beeinflußt. Aber Hand aufs Herz – wie oft sitzen Sie im Winter im Garten und wollen vor neugierigen Blicken geschützt sein?

Hecken

Hecken spielen im Garten eine sehr wichtige Rolle, sei es als Lärm- und Sichtschutz, als Grundstückseinfassung, zur Kaschierung unattraktiver Bereiche wie Mülltonnenplatz, Geräteschuppen oder ähnlichem. Prinzipiell gibt es zwei Möglichkeiten, eine Hecke zu gestalten.

Schnitthecke

Die Schnitthecke wird, wie der Name schon sagt, regelmäßig geschnitten und ist damit natürlich pflegeintensiver als eine freiwachsende Hecke. Dafür benötigt sie weniger Platz. Die Tabelle gibt Ihnen einen Überblick über geeignete Pflanzen.

Gehölze für Schnitthecken	
Deutscher Name	Botanischer Name
Laubgehölze:	
Berberitze	*Berberis candidula, B. julianae, B. thunbergii*
Buchs	*Buxus sempervirens*
Hainbuche	*Carpinus betulus*
Rotbuche	*Fagus sylvatica*
Liguster	*Ligustrum vulgare*
Feuerdorn	*Pyracantha coccinea*
Nadelgehölze:	
Scheinzypresse	*Chamaecyparis*-Arten
Fichte	*Picea abies, P. omorika*
Eibe	*Taxus*-Arten
Lebensbaum	*Thuja*-Arten

Eine Schnitthecke aus Buche ist zwar nicht wintergrün, behält aber lange ihr Laub

Immergrün ist der Liguster, hier als Sichtschutzhecke an der Terrasse gepflanzt

Von den Eibenarten findet als Heckenpflanze meist Taxus baccata Verwendung

Fichtenhecken sind nur für Regionen mit hoher Luftfeuchte geeignet, anderenorts verkahlen sie

35

Freiwachsende Hecke

Eine ungeschnittene Hecke ist immer ungezwungener und abwechslungsreicher, kann sie doch von Blütenreichtum während des ganzen Jahres über bunte Herbstfärbung und leuchtende Früchte im Winter alles bieten. Denken Sie jedoch vorher gründlich über die Farbzusammenstellung nach. Eine kunterbunte Hecke wirkt leicht überladen und unruhig, die einzelnen Sträucher kommen so nicht richtig zur Geltung. Einen Eindruck von der Farbvielfalt gibt die nachfolgende Übersicht.

Die Kombination von Gehölzarten mit unterschiedlicher Blütezeit taucht die Hecke vom Frühling bis zum Sommer in Blütenwolken. Werden mehrere Arten mit gleicher Blütezeit ausgewählt, ergibt sich ein »Highlight« für ein paar Wochen und ein vergleichsweise ruhiger Hintergrund während der restlichen Vegetationsdauer. Setzen Sie zwischen Arten, die zur selben Zeit auffällig blühen, ein immergrünes, neutrales Gehölz, wie etwa eine Eibe, das beruhigt die Pflanzung. Bedenken Sie auch, daß eine freiwachsende Hecke einen wesentlich höheren Platzbedarf hat als eine Schnitthecke und daß die Pflanzabstände größer gewählt werden müssen.

Blütengehölze für freiwachsende Hecken

Deutscher Name	Botanischer Name	Blütezeit	Blütenfarbe
Felsenbirne	*Amelanchier laevis* *Amelanchier lamarckii*	IV IV	weiß weiß
Erbsenstrauch	*Caragana arborescens*	V	gelb
Zierquitte	*Choenomeles*-Arten und -Sorten	III–IV	verschiedene
Hartriegel	*Cornus mas* *Cornus sanguinea*	III–IV V–VI	grüngelb weiß
Perückenstrauch	*Cotinus coggygria* *Cotinus coggygria* 'Royal Purple'	VI–IX VI–VII	grüngelb grünrot
Deutzie	*Deutzia*-Arten und -Sorten	V–VI	weiß, rosa
Forsythie	*Forsythia*-Sorten	III–IV	gelb
Ranunkelstrauch	*Kerria japonica*	V–VII	gelb
Kolkwitzie	*Kolkwitzia amabilis*	VI–VII	rosa
Goldregen	*Laburnum anagyroides*	V–VI	gelb
Pfeifenstrauch	*Philadelphus*-Arten und -Sorten	V–VII	weiß
Zierkirschen	*Prunus*-Arten und -Sorten	IV-V	weiß, rosa
Feuerdorn	*Pyracantha*-Sorten	V–VI	weiß
Wildrosen	*Rosa*-Arten und -Sorten	V–X	verschiedene
Fiederspiere	*Sorbaria sorbifolia*	VI–VIII	weiß
Flieder	*Syringa*-Arten und -Sorten	V–VI	verschiedene
Schneeball	*Viburnum*-Arten	V–VI	weiß, rosa
Weigelie	*Weigela florida* und *Weigela*-Hybriden	V–VII	rosa, rot

In freiwachsenden Hecken kann man verschiedene Gehölze reizvoll kombinieren

Deutzie (Deutzia x hybrida 'Mont Rose')

Felsenbirne (Amelanchier laevis)

Wildhecke

Für einen naturnahen Garten empfiehlt sich die Anlage einer Wildhecke, die nicht nur durch eine schöne Blüte besticht, sondern auch Früchte und buntes Laub bietet. Hier wird man auf einheimische oder inzwischen eingebürgerte Arten zurückgreifen und auf Exoten verzichten. Es gibt so schöne heimische Wildgehölze, die auch für Vögel und andere Tiere sehr wertvoll sind, daß Ihnen diese Beschränkung sicher nicht schwerfallen wird. Gut geeignet sind Felsenbirne *(Amelanchier)*, Haselnuß *(Corylus avellana)*, Deutzie *(Deutzia)*, Kolkwitzie *(Kolkwitzia)*, Zierapfel *(Malus purpurea)*, Zierkirsche (zum Beispiel *Prunus mahaleb, P. cerasifera)*, Schlehe *(Prunus spinosa)*, Eberesche *(Sorbus)*, Spierstrauch *(Spiraea)*, Flieder *(Syringa)*, Schneeball *(Viburnum)* und Weigelie *(Weigela)*.

Wildhecken sind wertvolle Biotope

Kolkwitzie (Kolkwitzia amabilis)

37

Solitärgehölze

Neben der Hecke sind auch Bäume und Sträucher in Einzelstellung, etwa als Hausbaum, ein wichtiges Gestaltungselement im Garten. Sie stehen am besten im Rasen oder in der Wiese, wo sie ihre ganze Schönheit entfalten können und stets im Blickpunkt sind. Solitärbäume können auch ein Laubdach über dem Sitzplatz bilden oder den Charakter des Vorgartens ausmachen.

Der Hausbaum ist ein solitär stehendes Gehölz in der Nähe des Wohngebäudes, das durch seine Eigenart und Wirkung Haus und unmittelbare Umgebung mehr oder weniger prägt. In ländlichen Gegenden sind Hausbäume noch weit häufiger zu finden als in den Betonwüsten der Städte. Linden, Eichen und Roßkastanien gehören zu den Bäumen, die vielen Bauernhöfen ein eigenes Gesicht geben. Diese Bäume sind jedoch für den Durchschnittsgarten meist zu groß. Trotzdem muß niemand auf seinen Hausbaum verzichten,

Goldregen (Laburnum x watereri) als Solitärgehölz

denn auch für den normalen Stadtgarten gibt es geeignete Gehölze, wie zum Beispiel Ahorn *(Acer)*, Apfel *(Malus)* und Birne *(Pyrus)*, Süßkirsche *(Prunus avium-*Sorten*)*, Golderle *(Alnus incana* 'Aurea'*)*, Rotdorn *(Crataegus laevigata)* oder Blutbirke *(Betula pendula* 'Purpurea'*)*.

Ein Zierapfel (Malus-Hybride) kann auch in kleineren Gärten die Rolle des Hausbaums übernehmen. Mit seinem auffälligen Blütenschmuck prägt er das gesamte Grundstück

Gehölzgruppen

Mit Gehölzgruppen bietet sich eine weitere Möglichkeit, Bäume und Sträucher im Garten einzusetzen, zum Beispiel als Hintergrundpflanzung für ein buntes Staudenbeet oder eine Rosenpflanzung oder als Blickfang in einer ausgedehnten Rasenfläche. Genauso wie bei allen Zusammenpflanzungen müssen die Gehölze hier ebenfalls ähnliche Ansprüche an den Standort stellen. Beachten Sie vor allem auch die Größenverhältnisse der Gehölzgruppe zum gesamten Garten. Ein zu kleines Arrangement im großen Garten ist genauso unpassend wie eine ausladende Pflanzgruppe im Handtuchgarten.

Aus wieviel Elementen die Gehölzgruppe aufgebaut wird, richtet sich also vor allem nach der Gartengröße. Als Anhaltspunkt gilt: ein oder zwei Leitelemente, das können Bäume oder Großsträucher sein, und dazu drei bis sechs Nebenelemente, zum Beispiel kleinere Bäume oder Sträucher. Sie können sich ausschließlich für Laubgehölze entscheiden oder aber eine Kombination aus Laub- und Nadelgehölzen wählen, indem Sie etwa eine

Tanne (*Abies*) zusammen mit Rhododendren und Hartriegel (*Cornus*) pflanzen. Mischen Sie in die Gruppe auch Gehölze mit auffälliger Herbstfärbung, wie den Ahorn (*Acer*) oder den Essigbaum (*Rhus typhina*), das belebt den Garten im Spätjahr.

Industriefeste Gehölze

Die Erfahrung der letzten Jahre hat gezeigt, daß die verschiedenen Gehölze ganz unterschiedlich auf die starke Umweltbelastung reagieren. Manche Arten vertragen Industrieabgase, Stadtluft und Streusalz gut, andere sind ausgesprochen empfindlich. Auch hier gilt wie bei Krankheiten und Schädlingen allgemein, daß ein geschwächtes und damit vorbelastetes Gehölz wesentlich anfälliger ist als ein gesundes, gut ernährtes. Am wichtigsten ist es immer, den richtigen Baum an den richtigen Ort zu pflanzen.

Innerhalb einer Gattung finden sich Arten, die auch mit Abgasen und Salz noch gut leben können, und andere, die zwar mit ihnen eng verwandt sind, aber in belasteten Gegenden nur verkümmern. Von den Nadelgehölzen sind zum Beispiel die Weißtanne (*Abies alba*) und die Balsamtanne (*Abies balsamea*) sehr empfindlich, ebenso Rotfichte (*Picea abies*), Mähnenfichte (*Picea breweriana*) und Weißfichte (*Picea glauca*). Die Zirbelkiefer (*Pinus cembra*) gilt als rauchhart und industriefest, während die Föhre (*Pinus silvestris*) und die Drehkiefer (*Pinus contorta*) für die Stadt ungeeignet sind. Lebensbäume (*Thuja*-Arten),

Gruppe mit Koniferen als Leitgehölzen, aufgelockert durch kleinere Laubgehölze

Wacholder-Arten (Juniperus) kommen mit Luftschadstoffen einigermaßen zurecht

39

Wacholder *(Juniperus-Arten)* und Eiben *(Taxus-Arten)* vertragen belastete Luft dagegen relativ gut. Bei den Laubgehölzen verhält es sich ähnlich wie bei den Nadelgehölzen. Während Silberahorn *(Acer saccharinum)* und Spitzahorn *(Acer platanoides)* auch in belasteter Luft in Innenstädten noch wachsen, ist der Fächerahorn *(Acer palmatum)* dafür gänzlich ungeeignet. Auch Buchen *(Fagus-Arten)* sind sehr empfindlich. Am besten erkundigen Sie sich in einer guten Baumschule nach geeigneten Gehölzen. Inzwischen gibt es auch entsprechende Spezialliteratur, die ausführliche Listen enthält.

Schadstoffempfindlich: Acer palmatum, Fächerahorn

Gedeiht sogar in abgasbelasteten Innenstädten: Acer platanoides, Spitzahorn

Auch im Winter bleibt die Rinde der Kupferkirsche ein leuchtender Blickfang

Farbkleckse im Garten

Neben Gehölzen mit hübschen Blüten oder buntem Herbstlaub gibt es auch Arten, die sich das ganze Jahr über mit farbigen Blättern schmücken. Mit ihnen können Sie Farbakzente im Garten, etwa in der Hecke, setzen. Aber Vorsicht bei der Kombination verschiedener buntlaubiger Arten und Sorten! Hier gilt: Lieber sparsam dosieren, sonst wirkt der Garten »gescheckt«. Ein Sammelsurium blau-, gelb-, grün- und graulaubiger Sorten ist zwar sicher bunt, aber ist es auch schön?

Wenn im Winter die Blätter gefallen sind, bestechen einige Bäume und Sträucher mit farbiger Rinde. Aufgrund ihrer attraktiven Rinde bleibt zum Beispiel die Birke *(Betula)* auch in kahlem Zustand interessant, ebenso die Platane *(Platanus)* und einige Ahornarten *(Acer)*. Ein besonderes Schmuckstück ist die Kupferkirsche *(Prunus serrula)*, deren Rindenfarbe ihrem Namen alle Ehre macht.

Nicht zu vergessen sind hier natürlich die Gehölze, die mit leuchtenden Früchten nicht nur den Garten beleben, sondern auch den Vögeln in der kalten Jahreszeit Nahrung bieten. Feuerdorn *(Pyracantha)*, Vogelbeere *(Sorbus)* und Wildrose *(Rosa)* sind beliebte Fruchtgehölze, die dem Auge eine wohltuende Abwechslung verschaffen, wenn der Garten, ansonsten in gedämpfte Farben gehüllt, im Winterschlaf liegt.

Grünflächen

Grünflächen wie Rasen und Wiesen sind neben Gehölzen Hauptgestaltungselemente. Allen Unkenrufen zum Trotz haben Grünflächen in den Gärten ihre Daseinsberechtigung bewahrt. Wo sonst kann man die Sonnenliege aufstellen, wo sonst können Kinder herumtollen, und wo sonst kann man – abgesehen von den meist eher funktional angelegten Wegen – nach Herzenslust durch seinen Garten spazieren, um ihn richtig zu entdecken? In Millionen deutscher Hausgärten sind Rasenflächen die umfangreichsten Gartenteile, und noch immer gilt ein gepflegter, sattgrüner Teppich als Aushängeschild für einen wohlgestalteten Garten.

Vom Rasen zur Wiese

Durch das zum Teil erst erwachende, aber ständig zunehmende Umweltbewußtsein hat sich auch das Bild der Grünflächen in den Gärten gewandelt. Das frühere Idealbild einer Grünfläche, nämlich der akkurat geschnittene englische Rasen mit gezirkelten Kanten, sparsam dekoriert mit wenigen Nadelgehölzen, wird heute mehr und mehr abgelöst durch die bunte Vielfalt der Blumenwiesen. Der »aufgeräumte«, artenarme Rasen entspricht nicht mehr den zeitgemäßen Vorstellungen von einem belebten, naturnahen Garten.

Der Rasen ist nach wie vor das »Herzstück« der meisten Gärten und erfüllt wichtige Funktionen; allerdings spricht viel dafür, ihn durch eine bunte Blumenwiese zu ergänzen

Gestalterische Funktionen

Eine Grünfläche wirkt im Garten raumgebend, sie bestimmt durch ihre Ausmaße und Farbe den Charakter eines Gartens. Großzügige Grünflächen lassen auch den Garten großzügig und weiträumig erscheinen, während kleine Rasenstücke eher Flickenteppichen gleichen. Geometrische Grünflächen mit geraden Kanten passen in den architektonisch strengen Garten, geschwungene Umrisse nehmen das weiche Element eines romantischen Gartens eher auf. In einem naturnah gestalteten Garten wird man kaum den klassischen englischen Rasen anstreben, die Wildkräuterwiese kommt dem Ambiente und der ökologischen Zielsetzung eines solchen Gartens wesentlich näher.

Die reine Grünfläche wirkt für sich eher langweilig und eintönig; erst wenn sich ihr Grün und die Farben der anderen Gartenteile ergänzen, hat die Grünfläche, gestalterisch betrachtet, ihren wahren Sinn erhalten. Deshalb wird ein Rasen oder eine Wiese bei der Planung stets als unterstreichendes Element für Rabatten, Beete und Gehölzgruppen vorgesehen.

Das robuste Weidel- oder Raygras (Lolium perenne) ist einer der Hauptbestandteile strapazierfähiger Rasenmischungen

Strapazierfähigkeit

Bei der Planung eines Gartens muß die Anlage einer Grünfläche rechtzeitig berücksichtigt werden. Maßgebend für die Planung sind zum einen Ihre Vorstellungen und Wünsche, zum anderen die Standortbedingungen. Je nach Nutzung der Grünfläche sind entsprechende Vorbereitungen zu treffen. Eine Spielwiese, die viel betreten und stark strapaziert wird, muß anders eingesät werden als eine Zierwiese, die man nur hin und

Eine Rasenfläche verhilft auch kleinen Gärten zum Eindruck optischer Weite, braucht aber bunte Nachbarbereiche, um nicht eintönig zu wirken

wieder begeht. Für eine reine Grünfläche ohne bunte Farbtupfer braucht man andere Pflanzenarten als für eine lebhafte und farbenreiche Blumenwiese. Bedenken Sie auch den späteren Pflegeaufwand; ein Rasen muß häufig geschnitten und sorgsam gepflegt werden, um ansprechend zu bleiben. Eine Wiese mit vielerlei Pflanzen ist dagegen weniger pflegeintensiv.

Standort

Die Art der Grünfläche ergibt sich bei Beachtung der Standortbedingungen ganz von selbst. An schattigen, kühlen und stets feuchten Stellen wird man keinesfalls einen englischen Rasen anlegen, der lockeren, tiefgründigen Boden, viel Sonne und gleichmäßige Feuchtigkeit braucht. Statt einer aufwendigen Bodenverbesserung, wie sie für solche anspruchsvollen Grünflächen nötig wäre, sollte man sich lieber für eine standortgerechte Bepflanzung entscheiden. An extremen Standorten kommt vielleicht sogar eher eine Begrünung mit trittfesten Bodendeckern in Frage als eine Wiese.

Rasen

Bei einem Rasen handelt es sich immer um eine künstlich angelegte Grasfläche, die kein Vorbild in der Natur hat. Weich wie Samt, dunkelgrün wie Moos, makellos und gleichmäßig – das Idealbild des englischen Rasens wird man in heimischen Gärten nur selten verwirklichen können. Bei uns fehlt das typische englische Klima, stets leicht feucht und ausgeglichen in der Temperatur. Dennoch bleibt der Traum vom grünen Teppich nicht unerfüllbar. Um Enttäuschungen mit einem allzu schnell verunkrauteten und lückenhaften Rasen vorzubeugen, müssen allerdings einige wesentliche Punkte berücksichtigt werden. Dazu gehört zuallererst die Auswahl der geeigneten Grassamenmischung.

Im Fachhandel gibt es inzwischen eine reiche Auswahl verschiedener Rasensaaten. Forschung und Züchtung haben erreicht, daß für fast alle Bedingungen spezielle Rasenmischungen erhältlich sind. Ob auf schweren Böden im Halbschatten oder an feuchten Stellen: die richtige Mischung macht's. Umgekehrt gilt: Die falsche Saat am falschen Ort – der Mißerfolg ist vorprogrammiert.

Blumenwiese

Als Wiesen bezeichnet man in der Botanik Gesellschaften aus Gräsern und einjährigen wie ausdauernden Blütenpflanzen, die sich in Flußauen, Waldlichtungen und im Gebirge ansiedeln. In den landwirtschaftlich intensiv genutzten Fluren sind Wiesen Grünlandflächen zur Erzeugung von Viehfutter, das hier, im Gegensatz zu Weiden, durch Mahd gewonnen wird.

Nach der großen Feuchtbiotop-Welle schwappt inzwischen die Blumenwiesen-Euphorie über deutsche Gärten herein. Wer von seinem von Gänseblümchen, Löwenzahn und Klee durchsetzten Rasen frustriert ist und der Natur mehr Raum geben will, schwärmt von einer Blumenwiese. Nur ist leider eine von bunten Blüten geprägte Grasflur – wie man sie von selten gewordenen Almwiesen kennt – im Garten gar nicht so einfach zu kultivieren. Blumensamen, die auf den alten Rasen aufgestreut werden, keimen oft gar nicht, oder die Blütenpracht ist schon nach einem Jahr wieder verschwunden.

Die künstliche Anlage einer »natürlichen« Blumenwiese ist also nicht so einfach, wie es den Anschein hat. Als Blumenwiese bezeichnen wir aber bereits eine Grasflur aus vielen verschiedenen Grasarten, die von Wegerich, Gänseblümchen, Ehrenpreis, Weißklee und Kuckuckslichtnelke durchsetzt ist. Dazu reicht es, nach der Grassaat etwas Geduld aufzubringen, bis sich die Wildblumen von selbst einstellen.

Läßt man einige Stellen ungemäht, entstehen von selbst kleine Blumeninseln, hier mit Margeriten

Die bunte Blumenwiese bleibt oft ein Traum, da sie sorgfältig geplant und mit viel Fingerspitzengefühl angelegt werden muß

Die üppige Blumenwiese mit goldgelben Blütenwogen im Frühjahr, roten Tönen im Frühsommer und weißen Schwaden im Hochsommer muß dagegen sorgfältig geplant werden. Typische Wiesengesellschaften sind bei uns die sogenannten Glatthaferwiesen, deren kennzeichnende Grasart der Glatthafer *(Arrhenatherum elatius)* darstellt. Neben zahlreichen anderen Gräsern wie Fuchsschwanz *(Alopecurus pratensis)* und Honiggras *(Holcus lanatus)* siedeln hier Knollenhahnenfuß *(Ranunculus bulbosus)*, Wilde Möhre *(Daucus carota)*, Margerite *(Chrysanthemum leucanthemum)*, Wiesenstorchschnabel *(Geranium pratense)* und viele andere.

Säen oder Pflanzen?

Auf kleinen Flächen sollte man eine Blumenwiese am besten durch Zusammenpflanzen vorgezogener Stauden, also ausdauernder Arten, anlegen. Auf größeren Flächen ist dagegen die Aussaat einfacher und auch billiger. Verwenden Sie keine normale Rasensaat, der einige Blumensamen beigemischt wurden. Die Hochleistungsgräser verdrängen die Blumen viel zu schnell, da sie dicht vernetzte Teppiche bilden. Horstbildende Gräser dagegen wie der Glatthafer *(Arrhenatherum elatius)* oder das Pfeifengras *(Molinia caerulea)* lassen den nötigen Wurzelraum für Blütenschönheiten frei. Zu den Grassamen werden entsprechend den Standortbedingungen geeignete Blumensamen beigemengt.

Erfolgversprechend ist auch eine Lösung mit eingestreuten Pflanzstellen. Dabei setzt man in eine bestehende oder neu angelegte Grünfläche aus Gräsern einzelne Stauden oder Staudengruppen. Für Wildstauden wie Flockenblume *(Centaurea montana)*, Rainfarn *(Chrysanthemum vulgare)*, Kartäusernelke *(Dianthus carthusianorum)*, Wiesenknöterich *(Polygonum bistorta)* oder Wiesensalbei *(Salvia pratensis)* werden Pflanzstellen ausgestochen und mit ihnen kleine Grüppchen angelegt.

Ausgesäte Wiesenmischung mit Klatschmohn, Kornblume und Kamille; leider kann man die Blüten oft nur ein Jahr bewundern, dann verdrängen Gräser die Blumen

Staudenauswahl für Blumenwiesen			
Art	Höhe (in cm)	Blütezeit	Ansprüche/ Besonderheiten
Schafgarbe (*Achillea millefolium*)	30–50	VI–IX	trockene bis frische Böden
Günsel (*Ajuga reptans*)	10–15	V–VII	frische bis feuchte Böden
Färberkamille (*Anthemis tinctoria*)	40–60	VI–IX	trockene Böden; Pionierpflanze
Wiesenkerbel (*Anthriscus sylvestris*)	80–100	IV–VII	frische Böden; verträgt Mahd
Wundklee (*Anthyllis vulneraria*)	5–15	V–VI	trockene Böden; Tiefwurzler, Bodenfestiger
Knäuelglockenblume (*Campanula glomerata*)	40–60	VI–VII	trockene bis frische Böden
Wiesenglockenblume (*Campanula patula*)	30–50	V–VII	frische Böden; zweijährig
Wiesenschaumkraut (*Cardamine pratensis*)	20–40	IV–VI	im Frühjahr feuchte, sonst frische Böden
Wiesenflockenblume (*Centaurea jacea*)	40–60	VI–IX	frische Böden; formenreich
Margerite (*Chrysanthemum leucanthemum*)	40–50	V–VI	trockene bis frische Böden; verträgt Mahd
Wilde Möhre (*Daucus carota*)	70–90	VI–IX	trockene bis frische Böden; wichtig für Insekten

Färberkamille (Anthemis tinctoria)

Wiesenschaumkraut (Cardamine pratensis)

Staudenauswahl für Blumenwiesen (Fortsetzung)			
Art	Höhe (in cm)	Blütezeit	Ansprüche/ Besonderheiten
Kartäusernelke (Dianthus carthusianorum)	40–60	VI–IX	trockene Böden; Schmetterlingsfutterpflanze
Wiesenstorchschnabel (Geranium pratense)	30–40	VI–IX	frische Böden; verträgt Mahd
Wiesenknautie (Knautia arvensis)	40–60	VII–IX	trockene bis frische Böden; Bienenweide
Kuckuckslichtnelke (Lychnis flos-cuculi)	30–50	VI–VIII	frische bis feuchte Böden
Esparsette (Onobrychis viciifolia)	40–50	VI–VII	trockene bis frische Böden
Schlüsselblume (Primula veris)	10–20	IV–V	trockene bis frische Böden
Braunelle (Prunella vulgaris)	10–20	VI–VIII	frische bis feuchte Böden
Hahnenfuß (Ranunculus acris, R. bulbosus)	60–80	VI–IX	frische bis feuchte Böden
Wiesensalbei (Salvia pratensis)	40–60	V–VII	trockene Böden; Tiefwurzler
Wiesenknopf, Pimpernell (Sanguisorba minor)	30–50	V–VIII	trockene Böden; Pionierpflanze
Rote Lichtnelke (Silene dioica)	50–60	IV–IX	frische bis feuchte Böden; verträgt Mahd

Wiesenknautie (Knautia arvensis)

Wiesenknopf (Sanguisorba minor)

Rasen in Kombination mit Blumenwiese

Wer sowohl einen strapazierfähigen Rasen als auch eine bunte Blumenwiese möchte, kann durchaus beide Formen der Grünfläche miteinander kombinieren. Läßt man einen Teil der ursprünglichen Rasenfläche ungemäht, siedeln sich schnell Margeriten und Lichtnelken an. Nach deren Blüte wird dann auch die »Blumenecke« gemäht. Am Rand des Rasens gepflanzte Blütenstauden bringen schnell und dauerhaft Farbe ins Grün.

Bodendecker

Teils völlig neue und ungewöhnliche Effekte lassen sich mit Bodendeckern aller Art erzielen. Viele Gehölze und Stauden wachsen flach ausgebreitet an den Boden geschmiegt, bilden rasch dichte Teppiche und bedecken eine Fläche nicht nur mit Grün, sondern auch mit bunten Tupfern. Mit dieser »lebenden Auslegeware« lassen sich auch Problemzonen mühelos bepflanzen, etwa steile Böschungen oder schattige Bereiche. Die Vielfalt an Arten und Sorten für blühende Unterpflanzungen, trittfeste Grünpolster oder silbergraue Decken ermöglicht unzählige Einsatzmöglichkeiten im Garten. Besonders reizvoll sind gerade die noch viel zu selten verwendeten Stauden.

Auswahl verschiedener Bodendeckerstauden			
Deutscher und botanischer Name	Höhe (in cm)	Blütezeit	Ansprüche; Stückzahl pro m²
Goldgarbe (Achillea tomentosa)	5–15	V–VIII	sonnig, anspruchslos; 12
Edelraute (Artemisia schmidtiana)	10–15	VI–VII	sonnig, trocken, leichte Böden; 16
Hornkraut (Cerastium tomentosum)	15–20	V–VI	sonnig, anspruchslos; 12
Römische Kamille (Chamaemelum nobile; synonym: Anthemis nobilis)	5–25	VI–IX	sonnig, durchlässiger Boden; 16
Trugerdbeere (Duchesnea indica)	10–15	V–IX	sonnig bis halbschattig; 9
Heidekraut (Erica-Arten)	10–25	I–X	sonnig, sandig-saure Böden; 5–8
Bärenfellschwingel (Festuca scoparia)	10–15	–	sonnig, trocken bis frisch; 9
Storchschnabel (Geranium-Arten)	10–50	V–VIII	sonnig bis halbschattig; 8–12
Ysander (Pachysandra terminalis)	20–25	IV–V	halbschattig bis schattig; 16
Fetthenne (Sedum-Arten)	5–15	IV–X	sonnig, anspruchslos; 10–25
Immergrün (Vinca-Arten)	10–15	V–VI	halbschattig bis schattig; 16

Trugerdbeere (Duchesnea indica)

Storchschnabel (Geranium endressii)

Ungewöhnlich, aber sehr ansprechend: Bärenfellschwingel (Festuca scoparia) als Bodendecker

49

Bodendeckergehölze

Deutscher und botanischer Name	Höhe (in cm)	Ansprüche; Bemerkungen
Laubgehölze:		
Teppichhartriegel (*Cornus canadensis*)	10–20	sonnig bis halbschattig; kriechender Wuchs
Kriechmispel (*Cotoneaster dammeri*)	10–40	sonnig; viele Sorten, kriechend
Kissenginster (*Cytisus decumbens*)	15–25	sonnig; trockene Böden, kissenbildend
Kriechspindel (*Euonymus fortunei*)	20–50	sonnig bis halbschattig; viele Sorten, niederliegend, auch kletternd
Teppichbeere (*Gaultheria procumbens*)	10–20	sonnig bis halbschattig; auffallende Früchte, teppichbildend
Niedriges Johanniskraut (*Hypericum calycinum*)	20–30	sonnig; schöne Blüte, schnellwüchsig, teppichbildend
Fünffingerstrauch (*Potentilla fruticosa* 'Arbuscula' und 'Farreri')	40–80	sonnig; üppiger Blütenschmuck, breitbuschig
Zwergrhododendron (*Rhododendron-Repens*-Hybriden)	40–60	sonnig bis schattig; viele Sorten, breitbuschig
Nadelgehölze:		
Niedrige Balsamtanne (*Abies balsamea* 'Nana')	50–70	sonnig; empfindlich, breitbuschig
Zwergfadenzypresse (*Chamaecyparis pisifera* 'Filifera Nana')	40–60	sonnig; frischgrün, dichtbuschig
Kriechwacholder (*Juniperus communis* 'Repanda')	30–50	sonnig; anspruchslos, kriechend
Tamariskenwacholder (*Juniperus sabina* 'Tamariscifolia')	30–50	sonnig bis halbschattig; flach ausgebreitet
Nestfichte (*Picea abies* 'Nidiformis')	50–60	sonnig; rauchempfindlich, buschig
Blaue Pummelfichte (*Picea abies* 'Pumila Glauca')	50–70	sonnig; rauchempfindlich, flachkugelig
Kisseneibe (*Taxus baccata* 'Repandens')	30–50	sonnig bis halbschattig; breit ausladend

Teppichhartriegel (Cornus canadensis)

Kissenginster (Cytisus decumbens)

Wacholder, Juniperus sabina 'Tamariscifolia'

Zwergrhododendron 'Gertrud Schäle'

Entscheidungshilfe
für die Anlage einer Grünfläche

Standortanalyse
- Bodenqualität:
  fetter, tiefgründiger → Rasen, alle anderen
  und gleichmäßig   Formen
  feuchter Boden
  magerer, flachgrün- → Wiese, Bodendecker
  diger und trockener
  Boden
- Lichtverhältnisse:
  sonnige Bereiche   → alle Formen
  absonnige bis halb- → Wiese, Bodendecker
  schattige Bereiche
  schattige Bereiche → Bodendecker

Anforderungen
- Pflegeaufwand:
  hoch   → Rasen
  gering   → Wiese, Bodendecker
- Strapazierfähigkeit:
  hoch   → spezielle Rasen,
               Wildkräuterwiese
  gering   → Zierrasen,
               Bodendecker,
               Blumenwiese
- Ökologischer Wert:
  hoch   → Trockenwiese,
               Feuchtwiese,
               artenreiche Wiese
  mittel   → Wildkräuter-
               und Fettwiese
  gering   → artenarmer
               Zierrasen

Praxistips
für die Anlage eines Rasens

- **bester Zeitpunkt:** Frühjahr oder Herbst, wind-stille, bedeckte Tage
- **Bodenvorbereitung:** Gelände ebnen, Boden um-graben oder fräsen, Unkraut entfernen
- **Bodenverbesserung:** karge Böden mit Kompost oder Rindenhumus aufbessern, schwere Böden durch Sandzusatz lockern, Nährstoffe entspre-chend der Bodenanalyse zusetzen
- **Bodenbearbeitung:** gleichmäßig lockern und planieren, Steine und Wurzeln entfernen; Brett oder Leiter über den Boden ziehen, dadurch werden Unebenheiten beseitigt
- **Einsaat:** Grassamen per Hand oder Kasten-streuer gleichmäßig auf der Fläche verteilen: zuerst zwei Reihen an den Seiten einsäen, dann bahnenweise im rechten Winkel dazu; dabei die vorgeschriebene Mengendosierung beachten; mit Brettern oder mit einer Walze alle Samen gut andrücken
- **Bewässerung:** Saat gleichmäßig feucht halten; in etwa zwei Wochen wurzeln die Gräser ein

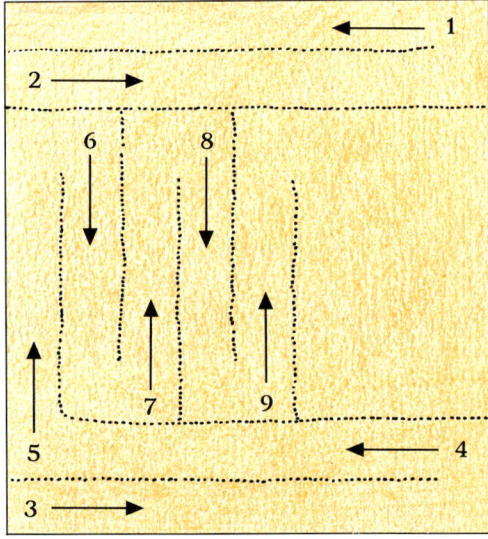

Die Abbildung zeigt das Vorgehen bei der Rasen-einsaat. Diese Methode bietet die beste Gewähr für eine gleichmäßige Begrünung auch der Randstreifen

Bodendecker fügen sich gut zwischen Sträuchern und Steinen ein. Eine grüne Rasenfläche würde hier eher langweilig wirken

Die ungefähre Einteilung steht fest, mit den Gehölzen erhielt der Garten Struktur und den ein oder anderen Blickfang. Mit dem planerischen Auslegen des grünen – oder auch bunten – Teppichs erhält man schon eine recht konkrete Vorstellung vom späteren grünen Wohnzimmer. Auch beim Verteilen von Rasen, Wiese und Bodendeckerfläche sollte man im Auge behalten, welche Anforderungen an den Garten gestellt werden (zum Beispiel Platz zum Spielen, wenig Pflegeaufwand, ökologisch wertvolle Bereiche)

Staudenbeete und Rabatten

Beete mit bunter Blütenfülle dürfen in keinem Garten fehlen. Nach der »Grundausstattung« des Gartens mit Gehölzen und Grünflächen geht es nun ans Ausschmücken. Dafür stehen Stauden und Sommerblumen, Zwiebelgewächse und Ziergräser zur Verfügung, die in ihrer unglaublichen Vielfalt keinen Wunsch offenlassen.

Blütenpracht in allen Gartenteilen

Für jedes Fleckchen im Garten gibt es eine mehr oder minder große Zahl an Stauden, die sich dort zur Bepflanzung eignen. Geeignete Arrangements lassen sich für Licht wie Schatten, für trockene wie feuchte Böden, für Freiflächen wie Gehölzränder zusammenstellen. Grundvoraussetzung für gutes Wachstum und lange Lebensdauer der Beetanlagen ist die richtige Artenwahl für die entsprechenden Standorte.

Stauden können große wie kleine Vorgärten schmücken

Bunte Blütenpracht im sommerlichen Staudenbeet: gelbe Staudensonnenblume, rote Sonnenbraut, blaue Lobelie und Muskatellersalbei mit kleinen rosa Blüten

Meist ist Rittersporn die auserwählte Staude, die die »Königin der Blumen« begleiten darf

Der weitaus wichtigste Raum für Stauden aller Art ist und bleibt das Staudenbeet. In voller Sonne gelegen, bietet es einer Vielzahl üppiger Sonnenstauden wie Rittersporn, Mädchenauge und Phlox Platz. Wird es geschickt bepflanzt, kann man sich vom zeitigen Frühjahr bis zum späten Herbst an blühenden Stauden erfreuen.

Mit Rabatten entlang von Wegen oder Zäunen winden sich bunte Blumenbänder durch den Garten. Auch hier kommen die vielfältigen Farben und Formen gut zur Geltung. Rabatten dieser Art liegen meist ebenfalls in der Sonne. Aber nicht nur »Sonnenkinder«, auch schattenliebende Blumen bereichern den Garten. Im lichten Schatten der Gehölze oder im tiefen Schatten des Hauses entfalten Blattschmuckstauden und Bodendecker, aber auch einige hochwachsende Blütenstauden ihren Reiz.

Funkien, Farne, Silberkerzen und gelbblühende Taglilien geben sich hier im lichten Schatten von Laubgehölzen ein Stelldichein

55

Als große Kunst gilt immer noch, ein Beet zu gestalten, das das ganze Jahr mit Blüten in herrlichen Farben aufwartet. Dabei sollen sich Blütenfarben, Wuchshöhen und Formen ergänzen. Ebenso reizvoll kann andererseits ein Beet sein, das die meiste Zeit nur verhalten blüht, dafür aber plötzlich für ein paar Wochen förmlich explodiert. Die Vorfreude auf diese Blühperiode steigert die Ausstrahlung einer solchen Bepflanzung ungemein. Für ein gelungenes Beet braucht man fast eine Künstlerhand, die mit den verschiedenen Blumen spielerisch umgehen kann und Harmonie schafft. Nicht selten werden schöne Staudenbeete mit Bildern berühmter Maler oder Musikstücken großer Komponisten verglichen – aber vielleicht inspirierte sie umgekehrt gerade das Werk eines Gartenkünstlers?

Staudenbeete wachsen mit der Zeit, sie entwickeln sich weiter. Anfänglich kleine, zierliche Stauden können allmählich dominierend werden, andere mögen vorzeitig verkahlen. Blütentöne sehen neben einer neu hinzukommenden Farbe vielleicht doppelt so strahlend aus wie vorher, oder eine nachträglich entstehende eigenwillige Farbkombination gibt den letzten Pfiff. Nicht immer muß ein klassisches Arrangement auch das schönste sein. Licht und Umgebung des eigenen Gartens spielen eine große Rolle für die Wirkung. Und da man bekanntlich über Geschmack nicht streiten soll, entscheidet letztlich das Empfinden des Gartenbesitzers.

Farben, Kontraste, Kombinationen

Probieren Sie aus, was in Ihrer Staudenrabatte oder in Ihrem Beet am schönsten wirkt. Scheuen Sie sich nicht, ungewöhnliche Arten und Sorten miteinander zu kombinieren. Auch bedeutende Gartenkünstler brauchten Jahre, bis die Ergebnisse ihrer Überlegungen und Bemühungen zufriedenstellten. Ein kahler Fleck im Frühsommer kann vielleicht noch mit einigen Zwiebelblühern ausgefüllt werden, zuviel Farbdurcheinander im Herbst kann durch Zwischenpflanzen eines Grases gemildert werden.

»Klassische« Beetgestaltung: dominierender Rittersporn, Lilie als Blickfang, umrahmt von farblich kontrastierenden und so optisch unterstreichenden Blühern

Eigentliche Grundsätze für die Gestaltung und Bestückung eines Staudenbeetes gibt es nicht, außer daß die Stauden einer Kombination gleiche Ansprüche haben müssen. Eine schattenliebende Staude kann man natürlich nicht in ein Sonnenbeet pflanzen. Prinzipiell wird man versuchen, Stauden mit verschiedenen Wuchshöhen, verschiedenen Blütezeiten und verschiedenen Farben zu einer Pflanzengemeinschaft zu vereinen.

Man kann die Gestaltung beispielsweise auch unter ein bestimmtes Motto stellen, zum Beispiel ein ganz in Weiß und Grün gehaltenes Beet »komponieren«; oder die Farben in jeder Jahreszeit wechseln lassen, also etwa im Frühling Weiß und Blau, im Sommer Rot und Orange und schließlich im Herbst Gelb und Braun. Eine Grundbepflanzung in einer vorherrschenden Farbe mit einzelnen kontrastierenden, dadurch besonders auffallenden Farbtupfern ist eine weitere Alternative. Die Möglichkeiten sind ungeheuer vielfältig.

Farben leuchten um so mehr, je stärker die Kontraste sind: Knalliges Rot wirkt neben hartem Weiß doppelt feurig, dagegen neben zartem Orange eher stumpf. Farben bestimmen den Charakter, die Ausstrahlung des Gartens und wirken sich dabei auch auf die Psyche des Gartennutzers aus. Grün beruhigt – da es in der Regel im Garten vorherrscht, trägt es wohl entscheidend dazu bei, daß viele hier Erholung suchen und finden. Ein kunterbunter Garten hat etwas Lebhaftes, Lustiges, während ein pastellfarbener Garten romantisch stimmt.

Oft werden die Stauden entsprechend ihrer Wuchshöhe gestaffelt, vorn die flachwachsenden Polster, in der Mitte die mittelhohen und im Hintergrund die hochwüchsigen Arten. Dadurch sind alle Blüten gut sichtbar, keine Staude verschwindet hinter einer anderen. Bei dieser Gestaltungsmethode zeigen sich leider schnell Lücken, zum Beispiel wenn Frühlingsblüher einziehen, also nach der Blüte die oberirdischen Pflanzenteile »verschwinden«. Pflanzt man jedoch Arten daneben, die sich im Sommer kräftig entwickeln, fallen solche Leerstellen nicht auf, da sie durch üppiges Laub verdeckt werden.

Romantische Stimmung in Rosatönen: Bechermalve, rotes Eisenkraut, Bartfaden (links) und Schmetterlingsstrauch als hintergrundbildendes Gehölz

57

Streng nach Wuchshöhe gestaffelt: Rittersporn, Sonnenauge, vorn Feinstrahl

Statt nach der Wuchshöhe können Stauden auch entsprechend ihrer Blütezeit gestaffelt werden. Frühlingsblüher stehen im Hintergrund, Sommerblüher in der Mitte und Herbstblüher vorn. So kommen die frühblühenden Arten gut zur Geltung, wenn die anderen Stauden sich noch kaum entwickelt haben. Später im Jahr sorgen dann die im Herbst blühenden Arten dafür, daß die Flächen mit abgeblühten Pflanzen nicht ins Auge fallen.

Bepflanzungsbeispiele

Statt der Vorstellung einer fast unüberschaubaren Zahl von Stauden, Sommerblumen und Gräsern und einer noch größeren Vielfalt an Kombinationsmöglichkeiten sollen hier einige gezielte Beispiele die Grundsätze der Staudenbeetgestaltung widerspiegeln und ermuntern, selbst »zu Pinsel und Papier« zu greifen, Kompositionen zu entwickeln, die im eigenen Garten »zur Ausstellung kommen«.

Staudenbeet in der Sonne

Auf normalem Gartenboden mit guter Nährstoffversorgung und gleichmäßiger Wasserführung gedeihen in voller Sonne besonders viele prachtvolle Stauden. Sie entwickeln sich im Lauf der Jahre zu erhabenen »Persönlichkeiten«, ihre farbintensiven Blüten erfreuen einen immer wieder aufs neue.

Unser Beispiel zeigt ein Beet mit Prachtstauden, von denen viele remontieren (das heißt, nach dem Rückschnitt nochmals blühen) und so auch im Herbst noch für Farbe sorgen. Tulpen ① und Narzissen ② öffnen als erste die Blüten, gleich danach Gemswurz *(Doronicum orientale)* ③ und Nelkenwurz *(Geum coccineum)* ④. Wenn Türkenmohn *(Papaver orientale)* ⑤, Sommermargerite *(Chrysanthemum maximum)* ⑥ und Rittersporn *(Delphinium-*Hybriden) ⑦ blühen, bilden sie eine Blütentrikolore in Rot-Weiß-Blau, die weithin leuchtet. Im Herbst bringt die hohe Fallschirm-Rudbeckie *(Rudbeckia nitida)* ⑧ noch einmal Glanz aufs Beet. Ergänzt wird dieses sich abwechselnde Farbenspiel durch Blaustrahlhafer *(Avena sempervirens)* ⑨, Salbei *(Salvia nemorosa)* ⑩, Aster *(Aster dumosus)* ⑪, Flockenblume *(Centaurea montana)* ⑫ und Edelgarbe *(Achillea)* ⑬.

Staudenbeet im Halbschatten

Auf frisch-feuchtem Boden im Halbschatten wachsen in unserem Beispiel viele Wildstauden. Gelb und Blau sind die vorherrschenden Blütenfarben, die Hauptblütezeit liegt im Frühsommer. Die Stauden sind zu einem wiesenähnlichen Beet kombiniert. Auf sehr feuchten Böden gedeihen diese Arten auch in voller Sonne.

Blausternchen *(Scilla siberica)* ① und Kissenprimel *(Primula vulgaris)* ② eröffnen den Flor. Rote Lichtnelke *(Silene dioica)* ③, blauer Wiesenstorchschnabel *(Geranium pratense)* ④, Wiesenknöterich *(Polygonum bistorta)* ⑤ und Goldranunkel *(Ranunculus acris* 'Multiplex') ⑥ folgen nach. Wiesenraute *(Thalictrum aquilegifolium)* ⑦, Himmelsleiter *(Polemonium caeruleum)* ⑧ und Gilbweiderich *(Lysimachia vulgaris)* ⑨ vervollständigen das Bild. Im Spätjahr zaubern einige Herbstzeitlosen *(Colchicum autumnale)* ⑩ Farbtupfer in die gedämpften Töne ihrer Umgebung. Von den Gräsern gesellt sich die Schlanke Segge *(Carex elata)* ⑪ dazu.

Bepflanzungsbeispiel Sonne (Pflanzen siehe Text)

Bepflanzungsbeispiel Halbschatten (Pflanzen siehe Text)

Staudenbeet im Schatten

Zarte Blüten in weichen Farben über dichtem Laub kennzeichnen dieses Schattenbeet. Humoser Boden, gut nährstoffversorgt und gleichmäßig feucht, ist Voraussetzung. Unter dem Dach schattenwerfender Gehölze oder in Nordlagen wird sich das Beet gut entwickeln, bei feuchterem Boden auch in zeitweise sonnigen Lagen.

Ein Geißbart *(Aruncus dioicus)* ① ist beherrschende Pflanzengestalt des Arrangements. Im Frühjahr beginnt der Blütenreigen mit Schneeglöckchen *(Galanthus nivalis)* ② und Dichternarzisse *(Narcissus poeticus* 'Actea'*)* ③, blauem Lungenkraut *(Pulmonaria saccharata)* ④ und Waldsteinie *(Waldsteinia geoides)* ⑤. Im Laufe des Sommers entwickeln sich die Laubhorste zu dichten Teppichen, geschmückt durch viele Blüten und die weißen Früchte des Christophskrauts *(Actaea alba)* ⑥. Storchschnabel *(Geranium endressii)* ⑦, Astilben *(Astilbe-Arendsii-*Hybri-

Funkien und Farne: eine bewährte Kombination für schattige Standorte

den, *Astilbe simplicifolia)* ⑧ und Glockenblume *(Campanula latifolia)* ⑨ haben ausgedehnte Blütezeiten. Der Blattschmuck der Funkien *(Hosta lancifolia, Hosta sieboldii)* ⑩ und des Frauenmantels *(Alchemilla mollis)* ⑪ sowie der Waldhainsimse *(Luzula sylvatica)* ⑫ sorgen für dauerhafte Farbe. Anemone *(Anemone hupehensis)* ⑬ und Eisenhut *(Aconitum napellus)* ⑭ ziehen dann im Herbst alle Blicke auf sich.

Bepflanzungsbeispiel Schatten (Pflanzen siehe Text)

Prachtstauden brauchen guten Boden

Praxistips
für die Anlage eines Staudenbeets

- **Bester Zeitpunkt:** Herbst und Frühjahr, mit Containerpflanzen auch im Sommer
- **Bodenvorbereitung:** Boden lockern und bei Bedarf verbessern, eventuell Gründüngung im Jahr vor der Bepflanzung; Unkräuter entfernen; Grunddüngung, falls erforderlich
- **Erstellen eines Pflanzplans:** Skizze des Beetes anfertigen, dabei Blütezeiten, Blütenfarben und Wuchshöhen vermerken
- **Pflanzenanordnung:** Pflanzen am besten in kleinen Gruppen verteilen, die Gruppen auf größeren Flächen in einem bestimmten Rhythmus wiederholen. Je höher und auffälliger die Art, desto kleiner die Gruppe. Niedrige Massenblüher in größeren Gruppen, diese als Grundelemente mehrfach in der Rabatte oder dem Beet wiederholt, lassen die Pflanzung harmonisch und ausgeglichen wirken. Hohe Stauden: 1 bis 3, mittelhohe: 3 bis 5, niedrige: 5 bis 7 Stück pro Gruppe
- **Farbgestaltung:** nach Blütezeit und Blütenfarbe am besten Dreierkombinationen aussuchen, zum Beispiel blauer Rittersporn, weiße Sommermargerite und gelbe Edelgarbe. Entweder kontrastreiche Farben zusammenstellen oder Ton in Ton kombinieren. Den Effekt sich »beißender« Farben durch Beipflanzung von Vermittlern (Blattschmuckstauden, Gräser, weißblühende Arten) abschwächen
- **Pflanzenbedarf:** entsprechend den Pflanzabstand die Zahl der benötigten Pflanzen errechnen. Bei hohen Stauden etwa 3 bis 4 Stück pro m², bei mittelhohen 5 bis 8, bei niedrigen 9 bis 12
- **Pflanzung:** Pflanzen entsprechend dem Plan auf dem Beet verteilen, eventuell Korrekturen direkt auf dem Beet vornehmen; Pflanzen einsetzen und andrücken; jede Pflanze einzeln gründlich angießen; Beetfläche mulchen

Entscheidungshilfe
für die Anlage von Staudenbeeten

Standortanalyse
- Bodenverhältnisse:
  fetter, tiefgründiger und gleichmäßig feuchter Boden → Prachtstauden, Beetstauden

  magerer, flachgründiger und trockener Boden → Wildstauden, spezielle Beetstauden
- Lichtverhältnisse:
  sonnige Bereiche → Pracht- und Beetstauden

  absonnige bis halbschattige Bereiche → Beetstauden, Wildstauden

  schattige Bereiche → Beetstauden, Wildstauden, Farne

Anforderungen
- Pflegeaufwand:
  hoch → Prachtstauden
  gering → Wildstauden
- Ökologischer Wert:
  hoch → Wildstauden, standortgerecht und naturnah zusammengestellt; Beetstauden mit Wildcharakter

  mittel → Beetstauden, Prachtstauden

  gering → hochgezüchtete Prachtstauden aus fremden Florengebieten

Mit dem Einbeziehen von Stauden ist unser Gartenplan nun fast komplett. Im nordöstlich gelegenen, nicht gerade von Sonne verwöhnten Vorgarten zieren schattenverträgliche Arten den Eingang (s. auch Bepflanzungsbeispiel S. 60). Den Gemüsegarten dagegen kann eine Rabatte mit sonnenliebenden Stauden säumen. Diese kommen auch für die Pflanzinsel in Frage, die im Rasen blühende Akzente setzt. Um den Teich herum bietet sich natürlich eine Bepflanzung mit feuchteliebenden Uferstauden geradezu an

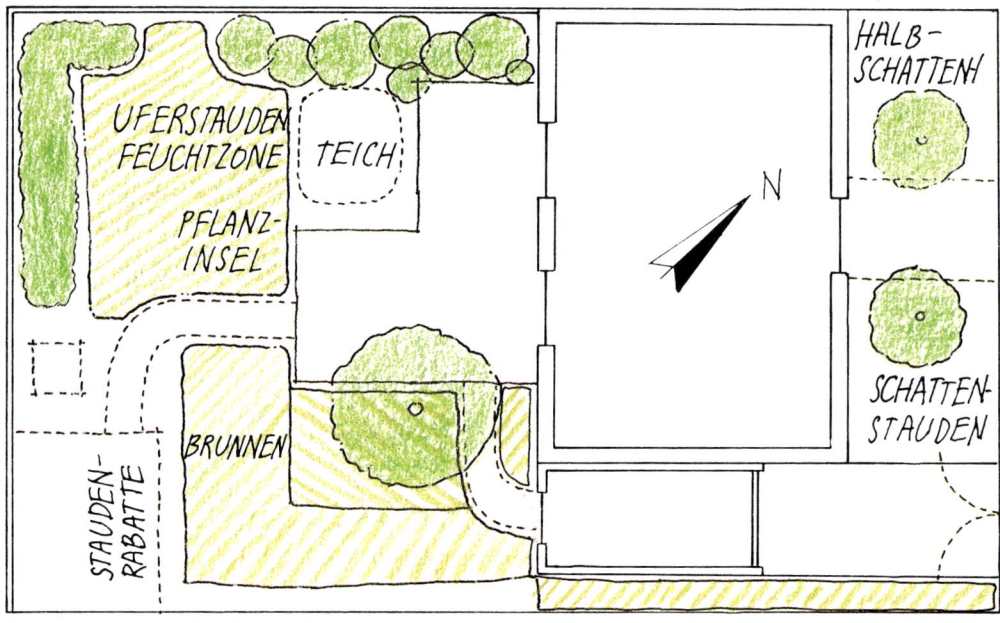

Gänsekresse (Arabis caucasica)

Bergenien und Osterglocken

Beliebte Stauden im Überblick

Blütenfarbe	**Frühjahrsblüher** (März bis Mai)
Weiß	Gänsekresse *(Arabis caucasica)* Schleifenblume *(Iberis sempervirens)* Polsterphlox *(Phlox subulata)* Schaumblüte *(Tiarella cordifolia)*
Rosa	Bergenie *(Bergenia*-Arten) Tränendes Herz *(Dicentra spectabilis)* Grasnelke *(Armeria maritima)* Polsterphlox *(Phlox subulata)* Moossteinbrech *(Saxifraga-Arendsii*-Hybriden) Pfingstrose *(Paeonia*-Arten und -Sorten)
Rot	Pfingstrose *(Paeonia*-Arten und -Sorten) Türkenmohn *(Papaver orientale)* Bergenie *(Bergenia*-Arten)
Orange	Nelkenwurz *(Geum coccineum)* Elfenblume *(Epimedium*-Arten)
Gelb	Steinkraut *(Alyssum saxatile)* Gemswurz *(Doronicum orientale)* Primel *(Primula*-Arten) Trollblume *(Trollius*-Arten)
Blau/Violett	Kaukasus-Vergißmeinnicht *(Brunnera macrophylla)* Gedenkemein *(Omphalodes verna)* Küchenschelle *(Pulsatilla*-Arten) Lungenkraut *(Pulmonaria*-Arten) Akelei *(Aquilegia vulgaris)*

Nelkenwurz (Geum coccineum)

Küchenschelle (Pulsatilla vulgaris)

63

Blütenfarbe	**Sommerblüher** (Juni bis August)
Weiß	Sommermargerite *(Chrysanthemum maximum)* Funkie *(Hosta*-Arten) Geißbart *(Aruncus silvester)* Schleierkraut *(Gypsophila paniculata)* Mädesüß *(Filipendula ulmaria)*
Rosa	Phlox *(Phlox paniculata)* Fingerhut *(Digitalis purpurea)* Polsternelke *(Dianthus*-Arten) Bunte Margerite *(Chrysanthemum coccineum)* Gelenkblume *(Physostegia virginiana)*
Rot	Brennende Liebe *(Lychnis chalcedonica)* Phlox *(Phlox paniculata)* Purpurglöckchen *(Heuchera*-Hybriden) Spornblume *(Centranthus ruber)* Indianernessel *(Monarda*-Hybriden)
Orange	Taglilie *(Hemerocallis*-Hybriden) Islandmohn *(Papaver nudicaule)*
Gelb	Edelgarbe *(Achillea*-Arten) Färberkamille *(Anthemis tinctoria)* Gilbweiderich *(Lysimachia punctata)* Mädchenauge *(Coreopsis*-Arten) Nachtkerze *(Oenothera*-Arten)
Blau/Violett	Rittersporn *(Delphinium*-Hybriden) Flockenblume *(Centaurea montana)* Glockenblume *(Campanula*-Arten) Veronika *(Veronica*-Arten) Lupine *(Lupinus-Polyphyllus*-Hybriden) Storchschnabel *(Geranium*-Arten)

Funkie (Hosta)

Phlox paniculata 'Landhochzeit'

Brennende Liebe (Lychnis chalcedonica)

Nachtkerze (Oenothera tetragona)

Die sommerliche Staudenpracht läßt kaum einen Farbwunsch offen

65

Blütenfarbe	**Herbstblüher** (September bis November)
Weiß	Herbstanemone *(Anemone japonica)* Silberkerze *(Cimicifuga-*Arten) Astilbe *(Astilbe-*Arten) Herbstaster *(Aster-*Arten und -Sorten)
Rosa	Astilbe *(Astilbe-*Arten und -Sorten) Dost *(Eupatorium purpureum)* Fetthenne *(Sedum telephium)* Herbstaster *(Aster-*Arten und -Sorten) Knöterich *(Polygonum-*Arten)
Rot	Herbstaster *(Aster-*Arten und -Sorten) Astilbe *(Astilbe-*Arten und -Sorten) Sonnenbraut *(Helenium-*Hybriden)
Orange	Chrysantheme *(Chrysanthemum-Indicum-*Hybriden) Sonnenbraut *(Helenium-*Hybriden)
Gelb	Goldrute *(Solidago-*Hybriden) Sonnenauge *(Heliopsis scabra)* Sonnenblume *(Helianthus decapetalus)* Sonnenhut *(Rudbeckia sullivantii)* Kokardenblume *(Gaillardia-*Hybriden)
Blau/Violett	Eisenhut *(Aconitum napellus)* Prachtscharte *(Liatris spicata)* Kugeldistel *(Echinops ritro)* Herbstaster *(Aster-*Arten und -Sorten)

Blütenfarbe	**Winterblüher** (Dezember bis Februar)
Weiß	Christrose *(Helleborus niger)* Schneeheide *(Erica herbacea)*
Rosa	Schneeheide *(Erica herbacea)* Christrose *(Helleborus-*Hybriden)
Rot	Schneeheide *(Erica herbacea)*
Gelb	Adonisröschen *(Adonis vernalis)* Chrysantheme *(Chrysanthemum-Indicum-*Hybriden)

Silberkerze (Cimicifuga cordifolia)

Rosa- und rotblühende Astilben

Sonnenbraut (Helenium-Hybride 'Moerheim Beauty')

Herbstanemone und Eisenhut

Schneeheide (Erica herbacea)

Adonisröschen (Adonis vernalis)

67

Steiniges Terrain

Steine und Pflanzen in harmonischer Kombination gehören zu den Wunschvorstellungen vieler Gartenbesitzer. Der Reiz einer den Alpen nachgestalteten Kleinlandschaft liegt in der Farbenpracht und Formenfülle der vielen Pflanzenarten. Polster wallen über Steine, winzige Rosetten schmiegen sich in Ritzen und die intensive Farbe vieler Blüten zieht alle Blicke auf sich.

Steingartenformen

Steingärten können in verschiedenen Formen angelegt werden. Strenge geometrische Linien und Terrassierungen kennzeichnen den architektonischen Steingarten. Kleine Trockenmauern, grobe Natursteine oder kurze Palisadenreihen halten die Terrassen, es entstehen so mehrere ebene Flächen zur Bepflanzung. Bei den Pflanzen herrschen Polsterstauden mit verschiedenen, oft kräftigen Blütenfarben vor, dazwischen stehen höherwachsende alpine Stauden und Zwerggehölze.

Der natürliche Steingarten ist, wie sein Name schon besagt, dem Vorbild der Natur nachempfunden. Entsprechend der natürlichen Geländeform (oder auch einer künstlich geschaffenen) wird ein Hang mit Gestein und Pflanzen ausgestattet. Rohe, unbehauene Steine, in unregelmäßigen Abständen plaziert, stützen den Hang. Die Bepflanzung muß für diesen Steingartentyp besonders sorgfältig zusammengestellt werden. Abgestimmt auf Gesteinsart und Boden siedeln hier Polsterstauden, Rosettenpflanzen, Gehölze, Gräser und viele andere.

Einfacher läßt sich die sogenannte Hohlwegform im Garten anlegen. Ein schwach geneigter Hang wird am Fuß mit niedrigen Stützmauern zu einem Weg oder zu der Rasenfläche hin abgegrenzt. Im unteren Bereich des Hanges wachsen alpine Pflanzengemeinschaften, im oberen Bereich bilden Sträucher, hohe Stauden oder eine Wiese den Hintergrund.

Ein eher architektonisch angelegter Steingarten mit deutlicher Gliederung durch Natursteine

Architektonischer Steingarten: starke Terrassierung, geometrische Linien, vorwiegend Polsterstauden

Natürlicher Steingarten: sanft abfallender Hang, gestützt durch rohe Steine; vielfältige Bepflanzung

Hohlweg-Steingarten: schwach geneigter Hang, am Fuß durch Steinmauer zum Weg hin abgegrenzt

69

In kleinen Gärten, in denen kein Platz für eine Hanggestaltung bleibt, läßt sich das Element Steinanlage in Form eines <u>Mauerbeets</u> einbringen. Trockenmauern bilden hier eine Art Hochbeet, auf der Oberseite und in den Pflanzfugen gedeihen viele Pflanzen sehr üppig. Diese Form wird vor allem auch älteren oder behinderten Menschen gefallen, da sich so ein Beet sehr einfach pflegen läßt. Troggärten kann man als Miniaturausgabe des Mauerbeets ansehen; dazu werden zwergige Pflanzen aller Art in große, oft mobile Gefäße gesetzt.

Das <u>Stein-, Fels- oder Kiesbeet</u> ist die »Flachausgabe« eines Steingartens. Durch die flächige Verwendung von Steinen mutet es ausgesprochen sachlich und nüchtern an, hat aber seinen ganz besonderen Charme. Inmitten eines Flußkiesbeets gepflanzte Zwergkiefern und einzeln gesetzte Blütentuffs wirken leuchtender und ausdrucksvoller. Sanft über Felsplatten fließende Teppichstauden unterstützen die schöne Struktur des Steines, der so fast zum Kunstobjekt wird.

Das Miteinander von Polsterstauden und Grashorsten prägt diesen natürlichen Steingarten

In den Steinritzen eines Mauerbeets fühlen sich Pflanzen karger Standorte wohl, auf der Krone gedeihen auch etwas anspruchsvollere Arten

Ein Kiesbeet bringt einzelne Pflanzen wie Zwergkiefern oder kleine Pflanzengrüppchen (Tuffs) besonders gut zur Geltung

Gesteine

Der Stein ist für alle Steingärten nicht nur namengebend, sondern ein bewußt eingesetztes, charakteristisches Element der Gestaltung. Niemals dürfen mehrere Gesteinsarten beliebig nebeneinander verwendet werden. Einerseits sieht ein Sammelsurium verschiedener Gesteinsarten durcheinandergewürfelt aus, andererseits kann aufgrund der unterschiedlichen Eigenschaften der Gesteine keine dem Standort angepaßte Flora angesiedelt werden. Man unterscheidet grob basische Kalkgesteine, neutrale Schiefergesteine und saure Urgesteine. Entsprechend den Gesteinen entwickelt sich der Boden, wird also basisch, neutral oder sauer reagieren. Und in Abhängigkeit vom Boden siedeln bzw. gedeihen kallliebende oder kalkmeidende Pflanzengemeinschaften. Auch im Garten werden deshalb Gesteinsart, Boden und Pflanzen einander zugeordnet.

Planung des Steingartens

Am besten wird ein Steingarten an einem sonnigen Südhang angelegt. Er kann an der Terrasse liegen, aber auch am Teich oder im Vorgarten. Einfach ist die Anlage an einem schon vorhandenen Gefälle, sonst muß künstlich ein Hügel oder Abhang geschaffen werden. Planen Sie bei größeren Anlagen stets auch Wege oder Trittsteine mit ein, die durch den ganzen Steingarten laufen oder zu bestimmten Punkten führen.

Innerhalb des Steingartens sollten unterschiedliche Lebensräume zu finden sein, indem sich sonnige und warme Standorte mit halbschattigen und kühlen abwechseln. Selbst eine kleine Feuchtstelle oder einen Bachlauf kann man integrieren. So wird der Steingarten später verschiedensten Lebensgemeinschaften Raum bieten; neben einer Zwergstrauchheide kann eine Schutthalde liegen, neben einer Blumenmatte eine Quellflur.

Das Gestaltungselement Stein rückt im Felsgarten stark in den Vordergrund

Pflanzen im Steingarten

Im Steingarten werden naturgemäß andere Pflanzenarten angesiedelt als im Staudenbeet. Vorrangig verwendet man zwergige Arten und Sorten, flachwüchsige Bodendecker oder polsterbildende Blütenstauden, ergänzt durch Knollen- und Zwiebelblumen. Arten, die ihren »wilden« Charakter bewahrt haben, sind vor allem im natürlichen Steingarten den züchterisch bearbeiteten Arten vorzuziehen.

Je nach Standort, also entsprechend den Licht , Boden- und Wasserverhältnissen werden die Arten zu Pflanzengemeinschaften zusammengestellt. Blütezeiten, Blütenfarben und Wuchshöhen müssen ebenso aufeinander abgestimmt werden wie in Staudenbeeten.

Beliebte Steingartenpflanzen im Überblick

Blütenfarbe	**Frühjahrsblüher** (März bis Mai)
Weiß	Schleifenblume *(Iberis-*Arten) Gänsekresse *(Arabis-*Arten) Schneeglöckchen *(Galanthus nivalis)* Märzenbecher *(Leucojum vernum)* Deutzie *(Deutzia gracilis)*
Rosa	Bergenie *(Bergenia-*Arten) Polsterphlox *(Phlox-*Arten) Götterblume *(Dodecatheon meadia)* Schleierkraut *(Gypsophila repens)* Seifenkraut *(Saponaria-*Arten)
Rot	Botanische Tulpen *(Tulipa-*Arten) Moossteinbrech *(Saxifraga-Arendsii-*Hybriden) Schlitzblättrige Pfingstrose *(Paeonia tenuifolia)* Steinröschen *(Daphne cneorum)* Rhododendron *(Rhododendron-Repens-*Hybriden)
Orange	Nelkenwurz *(Geum coccineum)* Botanische Tulpen *(Tulipa-*Arten)
Gelb	Krokus *(Crocus-*Arten) Steinkraut *(Alyssum montanum)* Goldfingerkraut *(Potentilla aurea)* Geweihiris *(Iris danfordiae)* Narzissen *(Narcissus-*Arten)
Blau/Violett	Leberblümchen *(Hepatica nobilis)* Primeln *(Primula juliae, P. denticulata)* Traubenhyazinthen *(Muscari-*Arten) Küchenschelle *(Pulsatilla-*Arten) Blaukissen *(Aubrieta-*Hybriden)

Schneeglöckchen (Galanthus nivalis)

Moossteinbrech (Saxifraga-Arendsii-Hybride)

Leuchtendes Gelb zwischen Steinen: Steinkraut (Alyssum saxatile)

Narzisse (Narcissus cyclamineus 'February Silver')

Traubenhyazinthe (Muscari)

Blütenfarbe	**Sommerblüher** (Juni bis August)
Weiß	Hornkraut *(Cerastium-*Arten) Silberdistel *(Carlina acaulis)* Edelweiß *(Leontopodium-*Arten) Perlpfötchen *(Anaphalis-*Arten) Silberwurz *(Dryas octopetala)*
Rosa	Federnelke *(Dianthus plumarius)* Steintäschel *(Aethionema grandiflora)* Scheckenknöterich *(Polygonum affine)* Rosenwaldmeister *(Phuopsis stylosa)* Bitterwurz *(Lewisia-*Hybriden, *L. cotyledon)*
Rot	Nelken *(Dianthus gratianopolitanus, D. deltoides)* Fingerkraut *(Potentilla atrosanguinea, P. nepalensis)* Lilien *(Lilium-*Arten)
Orange	Habichtskraut *(Hieracium* x *rubrum)* Etagenprimel *(Primula bulleyana)* Sonnenröschen *(Helianthemum-*Arten) Irische Heide *(Daboecia cantabrica)*
Gelb	Alpenmohn *(Papaver alpinum)* Glockenprimel *(Primula florindae)* Zierlauch *(Allium moly, A. flavum)* Goldlein *(Linum flavum)* Färberginster *(Genista tinctoria)*
Blau/Violett	Glockenblumen *(Campanula-*Arten) Ausdauernder Lein *(Linum narbonense, L. perenne)* Aster *(Aster tongolensis, A.* x *alpellus)* Enzian *(Gentiana septemfida)* Kugelblume *(Globularia-*Arten)

Edelweiß (Leontopodium palibianum)

Bitterwurz (Lewisia cotyledon)

Nelke (Dianthus deltoides)

Fingerkraut (Potentilla nepalensis)

Habichtskraut (Hieracium x rubrum)

Goldlein (Linum flavum)

Enzian (Gentiana septemfida)

Blütenfarbe	**Herbstblüher** (September bis November)
Weiß	Grönlandmargerite *(Chrysanthemum arcticum)* Oktobersteinbrech *(Saxifraga cortusifolia)*
Rosa	Kissenaster *(Aster dumosus, A. amellus)* Krötenlilie *(Tricyrtis macropoda)* Herbstzeitlose *(Colchicum autumnale)* Alpenveilchen *(Cyclamen-*Arten) Krokus *(Crocus-*Arten)
Rot	Fetthenne *(Sedum cauticolum)*
Orange	Chrysantheme *(Chrysanthemum-Indicum-*Hybriden)
Gelb	Goldhaaraster *(Aster linosyris)* Gewitterblume *(Sternbergia lutea)* Fetthenne *(Sedum floriferum)*
Blau/Violett	Kissenaster *(Aster-*Arten) Bleiwurz *(Ceratostigma plumbaginoides)* Enzian *(Gentiana farreri, G. sino-ornata)* Krokus *(Crocus-*Arten) Säckelblume *(Caryopteris incana)*

Oktobersteinbrech (Saxifraga cortusifolia)

Gewitterblume (Sternbergia lutea)

Krötenlilie (Tricyrtis macropoda)

Bleiwurz (Ceratostigma plumbaginoides)

Blütenfarbe	**Winterblüher** (Dezember bis Februar)
Weiß	Christrose *(Helleborus-*Arten) Schneeglöckchen *(Galanthus nivalis)*
Rosa	Duftschneeball *(Viburnum farreri)* Rhododendron *(Rhododendron dauricum)* Seidelbast *(Daphne mezereum)*
Orange	Zaubernuß *(Hamamelis-*Hybriden)
Gelb	Adonisröschen *(Adonis-*Arten) Krokus *(Crocus-*Arten) Winterling *(Eranthis-*Arten) Zaubernuß *(Hamamelis-*Arten) Jasmin *(Jasminum nudiflorum)*
Blau/Violett	Krokus *(Crocus tommasinianus, C. sieberi)*

Christrose (Helleborus niger)

Winterling (Eranthis hyemalis)

Seidelbast (Daphne mezereum)

77

Entscheidungshilfe
für die Anlage eines Steingartens

Standortanalyse
- Boden:
  fetter, tiefgründiger → wenig geeignet;
  und gleichmäßig   Polsterstauden,
  feuchter Boden   Zwerggehölze
  magerer, flach- → ideal für viele
  gründiger Boden   Arten
- Untergrund:
  kalkhaltiger Boden, → kalkliebende Flora
  Kalkgestein
  saurer Boden,   → kalkmeidende Flora
  Urgestein
- Lichtverhältnisse:
  sonnige Bereiche → gut geeignet
  absonnige bis halb- → geeignet für spezielle
  schattige Bereiche   Bepflanzung
  schattige Bereiche → wenig geeignet

Anforderungen:
- Anlage:
  aufwendig und   → architektonischer
  kostenintensiv   Steingarten
  einfach und günstig → natürlicher Stein-
                garten, Steinbeet,
                Troggarten

- Pflegeaufwand:
  hoch   → artenreicher
                Steingarten
  gering   → architektonischer
                Steingarten mit
                anspruchslosen
                Polsterpflanzen

- Ökologischer Wert:
  hoch   → artenreicher, dem
                natürlichen Vorbild
                nachgestalteter
                Steingarten
  mittel   → alle Steinanlagen
  gering   → artenarme, mit
                Exoten und dem
                Standort nicht an-
                gepaßt bepflanzte
                Steinanlage

Praxistips
für die Anlage eines natürlichen Steingartens

- **Bester Zeitpunkt:** für Baumaßnahmen Spätwinter bis Herbst, für die Bepflanzung Frühjahr (siehe Hinweis zum Pflanzzeitpunkt)
- **Baumaßnahmen:** Grenzen abstecken, Rasensoden abtragen. Erde spatentief umgraben und von Unkraut befreien; eventuell Drainageschicht anlegen
- **Untergrundbau:** Hügel und größere Erhebungen aus Kies, Schotter, Schutt, Bauaushuberde, Teichaushub oder ähnlichem modellieren
- **Oberflächengestaltung:** durchlässige Erdschicht aufbringen; Erde sinkt noch zusammen, deshalb ruhig höher aufschütten. Große Steine entsprechend ihrer natürlichen Lagerung plazieren, etwa zu einem Drittel in die Erde einsenken. Erde gleichmäßig durchfeuchten, nach einigen Tagen abgesunkene Stellen auffüllen
- **Pflanzerde:** im Mittel 20 cm mächtig aufbringen; dabei kleinere Steine einsetzen und ausmodellieren. Pflanzerde entsprechend den Ansprüchen der vorgesehenen Bepflanzung mischen und aufbringen
- **Pflanzzeitpunkt:** erst nach einigen Wochen, wenn sich die Anlage gesetzt hat und Absenkungen wieder aufgefüllt wurden

Eine Trockenmauer bietet manchen Tieren Unterschlupf und Lebensraum

Wasser im Garten

In den letzten Jahren hat das Element Wasser in der Gartengestaltung eine vorrangige Rolle eingenommen. Wasser als Quell des Lebens übt eine große Anziehungskraft auf den Menschen aus. Man verbindet damit Ruhe, Entspannung und Lebensfreude; ein Teich bringt zudem neue Akzente in den Garten. Durch seine völlig andere Pflanzenwelt und die sich hier rasch ansiedelnde Fauna bietet ein Gewässer Reize ganz eigener Art.

Teich

Die häufigste, weil mit am einfachsten umzusetzende Möglichkeit der Gestaltung mit Wasser ist eine Teichanlage. Ob als kleiner Tümpel auf wenigen Quadratmetern oder großflächig angelegt – Teiche gelten als Inbegriff von Naturerlebnis und Naturschutz im Garten. Spiegelnde Wasserflächen, schwirrende Libellen und sanftes Rauschen von Teichrohrhalmen schaffen eine besondere Atmosphäre, die Teiche als Erholungsraum so attraktiv macht.

Der Handel bietet heute ein breites Sortiment an Baustoffen, das dazu beiträgt, daß kaum Gestaltungswünsche offenbleiben müssen. Mit Fertigwannen, Systembauteilen oder Folien lassen sich Teiche jeder Größe und Tiefe einfach anlegen. Wenn man dabei einige Grundregeln beachtet, stellt sich schnell ein biologisches Gleichgewicht ein, und der Teich wird über viele Jahre Freude bereiten.

Der beste Standort für einen Teich ist stets eine sonnige Lage, am besten in einer natürlichen Vertiefung. Gut einsehbar plaziert, etwa in der Nähe der Terrasse, bietet der Teich die besten Beobachtungsmöglichkeiten. In einer ruhigeren Gartenecke dagegen kann sich die Tierwelt ungestörter entfalten.

Je tiefer ein Teich werden soll, desto größer muß die Fläche sein. Flache Teiche frieren im Winter völlig zu, eventuell muß im Herbst das Wasser abgelassen werden. Erst ab Wassertiefen von 80–100 cm läßt sich das Risiko eines vollständi-

Kleiner Gartenteich mit gemauerter Umrandung, üppig bepflanzt mit Seerosen (Nymphaea-Hybriden), Tannenwedel (Hippuris vulgaris) und Sumpfschwertlilie (Iris pseudacorus)

79

gen Zufrierens vermeiden. Die Ufer dürfen nicht zu steil ansteigen; einerseits würden Erde und Pflanzen keinen Halt haben, andererseits können Tiere keinen Ausstieg finden.

Als grobe Richtlinie gilt: ein Folienteich von 80–100 cm Tiefe sollte etwa 15–20 m² groß sein. Fertigteiche gibt es ab 1 m Durchmesser bis zu ca. 3 x 4 m großen Wannen. Neu im Angebot sind Stecksysteme, mit denen sich auch größere Fertigteiche installieren lassen. Am besten erkundigt man sich in einem gut sortierten Fachgeschäft nach den verschiedenen Möglichkeiten.

Teiche stellen keine isolierten Standorte dar, sie sind eingebunden in die übrigen Lebensräume. Uferstreifen mit wechselndem Wasserstand, feuchte Sumpfzonen und offene Wasserflächen kennzeichnen Teiche in freier Natur; solche Bereiche müssen auch im Garten als Voraussetzung für ein intaktes Kleingewässer angelegt werden. Überdies bereichern gerade die Randzonen den Teich um eine herrliche Blumenpracht, die besonders zu seinem Reiz beiträgt. Planen Sie deshalb dafür stets genügend große Flächen mit ein.

① *Folienteich mit nierenförmigem Umriß, zugänglich über eine Natursteinplatte. Die Bepflanzung muß an die jeweilige Wassertiefe angepaßt sein.* ② *Dazu empfiehlt es sich, in einem Plan mit Höhenlinien die Zonen zu markieren: T = Tiefenzone, U = Uferzone, S = Sumpfzone.* ③ *Querschnitt*

Bachlauf

Lebendig sprudelndes oder sanft murmelndes Wasser in einem Bach fasziniert immer wieder. Ein Bachlauf windet sich wie eine Ader des Lebens durch den Garten. Wasser kann allerdings nur fließen, wenn ein Gefälle vorhanden ist. Gelände in sanfter Hanglage, also zum Beispiel ein Terrassenhang oder auch ein Steingarten, sind gut geeignet.

Die Anlage eines Bachlaufs muß sehr sorgfältig geplant und durchgeführt werden, allzuleicht verläuft sich der Bach sonst im wahrsten Sinne des Wortes im Sande. Von einer Quelle fließt das Wasser über Folien- und Kiesbett zum Teich oder Sumpf. Mit einer Pumpe schließt man den Wasserkreislauf. Durch kleine Staustufen wird der Bachlauf lebendiger, Senken mit ruhigem Wasser wechseln dann mit Miniaturwasserfällen.

Natürlich wirkt der Bachlauf erst, wenn er in die Umgebung eingepaßt ist. Die Uferstreifen werden durch Steine und Pflanzen aufgelockert, hohe Stauden am Rand markieren den Verlauf. Mit Kiesstreifen bildet man ausgetrocknete Bachbettzonen nach. Schmale Brücken oder Trittsteine erleichtern die Überquerung und sind Ausgangspunkte für die Beobachtung des Treibens am und im Wasser.

Hier war genügend Platz für die Anlage eines Bachs mit großzügig bemessenem Umfeld. Dieser Bereich fügt sich nahtlos in die romantische Gestaltungslinie des Gartens ein

Quellsteine, Wassertröge und Vogeltränken

Wasser bietet weit mehr Gestaltungsmöglichkeiten als nur Teich und Bach. Gerade in kleinen Gärten können kleinräumige Elemente das Wasser geschickter in den Garten bringen. Quell- oder Sprudelsteine sind schon fast Kunstobjekte, die Stein und Wasser miteinander verbinden. Alte Mühlsteine oder durchbohrte Findlinge, wasserspeiende Skulpturen oder kunstvoll gefaßte Wasserquellen entlassen quirliges, gurgelndes oder plätscherndes Wasser zu einer Auffangstelle. Dies kann entweder ein Teich sein oder eine kleine Sumpfzone, unter der ein Auffangbehälter installiert ist, von dem das Wasser wieder zurückgepumpt wird.

Hübsch umpflanzt mit Frauenmantel *(Alchemilla)*, Sibirischer Iris *(Iris sibirica)* oder auch Bambus wird so ein Minigewässer zur Attraktion im Garten. Wer ruhigeres Wasser bevorzugt, kann

Ein kleiner Tümpel, mit groben Kieseln versehen, wirkt dekorativ und dient als Vogeltränke

Sumpfbeet am Bachrand, geschmückt mit einer lebhaften, von Primeln dominierten Blütenpracht

in einen Trog oder in eine Wanne einige Wasserpflanzen setzen, zum Beispiel Zwergseerosen. Eine gelungene Alternative, die Zierde und Nutzen zugleich darstellt, ist eine Vogeltränke in Form eines Miniteiches. Abgedichtet durch ein Folienstück oder eine Tonschicht, wird ein flacher Tümpel angelegt, mit feuchtigkeitsliebenden Pflanzen bestückt und mit einigen groben Kieselsteinen umgeben.

Feuchtwiese und Sumpfbeet

Als wertvolle Ergänzung zum Teich, aber auch als eigenständige Anlagen sind sumpfige Zonen einzigartige Gartenbereiche, in denen viele Pflanzenraritäten ein Zuhause finden. Einfach anzulegen ist ein Sumpfbeet in einer Senke mit verdichtetem, tonigem Boden. Aber auch künstlich, durch eine Untergrundabdichtung mit Teichfolie oder durch ständigen Wasserzulauf, kann ein Sumpf nachge-

bildet werden. Mehlprimel *(Primula farinosa)*, Sumpfdotterblume *(Caltha palustris)*, Japanische Iris *(Iris kaempferi)* und viele andere Arten bilden hier einen farbenprächtigen Flor.

Die Feuchtwiese unterscheidet sich vom Sumpf durch wechselnden Wasserstand; im Sommer kann sie durchaus einmal völlig trockenfallen. Feuchtwiesen können ebenfalls um einen Teich oder in einer nassen Senke angelegt werden. An einem solchen Standort dominieren vor allem Gräser, daneben Blumen wie Trollblume *(Trollius)*, Blutweiderich *(Lythrum)* und Wiesenknöterich *(Polygonum bistorta)*.

Einige Pflanzen, die für Feuchtbereiche dieser Art besonders geeignet sind, finden Sie in den nachfolgenden Übersichten.

Pflanzen für Sumpfbeete und Feuchtwiesen (Auswahl)			
Deutscher und botanischer Name	Höhe (in cm)	Blütezeit	Ansprüche; Bemerkungen
Schlangenwurz (Calla palustris)	15–30	V–IX	sonnig; weiße Blüte und rote Beeren
Sumpfdotterblume (Caltha palustris)	30–40	IV–VI	sonnig; sehr frühe Blüte
Mädesüß (Filipendula ulmaria)	100–150	VI–VIII	sonnig; sehr robust
Sumpfstorchschnabel (Geranium palustre)	30–80	VI–IX	sonnig; Dauerblüher
Bachnelkenwurz (Geum rivale)	20–80	V–VI	sonnig; anmutige Blütenstaude
Sumpfschwertlilien (Iris sibirica, I. kaempferi, I. pseudacorus)	60–100	V–VII	sonnig; sehr schöne Blüten
Binsen (Juncus-Arten)	30–80	VI–VII	sonnig bis halbschattig
Sommerknotenblume (Leucojum aestivum)	40–50	V–VI	sonnig; Aussehen ähnlich wie Märzenbecher

Mädesüß (Filipendula ulmaria)

Bachnelkenwurz (Geum rivale)

Pflanzen für Sumpfbeete und Feuchtwiesen (Auswahl)			
Deutscher und botanischer Name	Höhe (in cm)	Blütezeit	Ansprüche; Bemerkungen
Pfeifengras (Molinia caerulea)	50–100	VIII–X	sonnig; schöne Grashorste
Sumpfvergißmeinnicht (Myosotis palustris)	20–30	V–X	sonnig bis halbschattig
Primeln (Primula farinosa, P. denticulata, P. florindae, P. rosea, P. bullesiana)	20–50	IV–VIII	sonnig; viele Arten
Trollblume (Trollius europaeus)	40–60	V–VI	sonnig; auffallende Blütenkugeln

Sumpfvergißmeinnicht (Myosotis palustris)

Primel (Primula florindae)

Entscheidungshilfe
für die Anlage eines Gewässers

Standortanalyse
- Lichtverhältnisse:
  - sonnige Bereiche → alle Formen
  - absonnige bis halb-schattige Bereiche → Feuchtwiese, Quelle
  - schattige Bereiche → wenig geeignet
- Untergrund:
  - flachgründige, stark durchwurzelte Bereiche → nicht geeignet
  - tiefgründige, sandige bis leichte Böden, auch steinig, ohne Wurzeln; keine Leitungen → geeignet

Anforderungen
- Vorgesehene Fläche:
  - groß → Bachlauf, Badeteich, Teich mit Sumpfbereich; tiefe Teiche
  - klein → Quelle, Tümpel; flache Teiche
- Ökologischer Wert:
  - hoch → naturnaher Teich, Bachlauf, Feuchtwiese, Sumpfbeet
  - mittel → Fertigteich, Sprudelstein
  - gering → Wasserbecken

Praxistips
für die Anlage eines Folienteichs

- **Bester Zeitpunkt:** Herbst oder Frühjahr, auch im Sommer, an einem möglichst warmen Tag (dann ist die Folie geschmeidig)
- **Planung:** Lage und Größe des Teiches festlegen; Tiefwasserzone (80–200 cm Wassertiefe), Flachwasserzone (20–50 cm) und Sumpfzone (0–10 cm) mit Höhenlinien einzeichnen
- **Materialien:** wurzelfeste Teichfolie in entsprechender Größe, möglichst in einem Stück, die Ausmaße anhand der Zeichnung errechnen; Sand für die Unterfütterung
- **Aushub:** Teichumrisse abstecken, Rasensoden entfernen, Erde ausheben; dabei Tiefenzonen entsprechend dem Plan modellieren; auf gleiche Höhe der Teichränder achten; Untergrund glätten
- **Unterfüttern und Verlegen der Folie:** 5 cm mächtige Sandschicht auf dem Boden ausbringen; Folie ausbreiten und glätten; Folienränder mit Steinen beschweren
- **Befüllen:** Teicherde oder magere Gartenerde in der Tiefenzone ausbringen; Wasser schrittweise einfüllen, dabei darf die Erde nicht hochgeschwemmt werden; in weiteren Schritten Erde für die anderen Zonen auffüllen und Wasser bis zur nächsten Zone einfüllen; zum Schluß die Ränder endgültig befestigen
- **Bepflanzen:** wenn sich das Wasser geklärt hat, die Bepflanzung mit Unterwasser-, Schwimm- und Tiefwasserpflanzen sowie mit Ufer- und Sumpfstauden vornehmen; die Arten entsprechend ihrer Standorte einsetzen, Tiefwasserpflanzen am besten in Pflanzkörben. Grundsatz: maximal ein Drittel der Oberfläche soll von Pflanzen bedeckt sein

Obstgarten

Statt die Kirschen in Nachbars Garten zu begehren, sollte man lieber selbst Obstbäume pflanzen. Wenn auch das Sprichwort die nachbarlichen Kirschen als die süßesten bezeichnet, geht doch nichts über den selbstgepflückten Kuchenbelag frisch vom eigenen Baum. Neben Blumenschmuck und Erholung zählt die Möglichkeit, eigenes Obst zu ernten, für etwa zwei Drittel aller Gartenbesitzer zu den wichtigsten Kriterien, die ihr Garten erfüllen soll.

Obstbäume müssen für beste Fruchtqualität optimalen Stand erhalten, sich gut entfalten können und für die Pflege gut zugänglich sein. Neben den Obstbäumen sollte man bei der Planung auch Beerensträucher berücksichtigen.

Wohin mit den Obstgehölzen?

Tiefgründiger, nahrhafter Boden, viel Sonne und geschützte, aber dennoch windumspülte Orte sind bei allen Obstarten Grundvoraussetzung für gutes Gedeihen. Manche Obstarten fruchten als Spaliere im Schutz einer warmen Hauswand besser, andere bevorzugen freien Stand. In großen Gärten kann man eine Streuobstwiese anlegen; mehrere Bäume stehen dann in weiten Abständen auf einer Grünfläche. Apfel oder Birne eignen sich auch gut als Hausbaum; dessen Laub spendet Schatten am Sitzplatz, die Früchte fallen einem hier fast in den Schoß.

In kleinen Gärten reduziert der begrenzte Raum das in Frage kommende Obstsortiment; hier sind wuchsschwache Arten und Sorten vorzuziehen (auf entsprechende Unterlagen veredelte Sorten bleiben schwach im Wuchs). Alternativ lassen sich Apfel, Birne und Quitte auch als freistehendes

Kleine Streuobstwiese im Frühling

Bei begrenztem Platz bieten sich kleinwüchsige Baumformen an

Spalier, als sogenannte Obsthecke, an der Gartengrenze ziehen. Beerensträucher bilden nicht nur fruchttragende, sondern auch zierende Hecken, die als Sicht- und Windschutz eingesetzt werden können.

Obstsortiment

Die Selbstversorgung mit Obst aus dem Garten wird sich wohl heute auf einen mehr oder minder großen Teil des Gesamtbedarfs beschränken. Auf den relativ geringen Gartenflächen kann kaum noch jemand in Sachen Obstversorgung autark sein. Deshalb wird man vorzugsweise sein Lieblingsobst anbauen. Denn um etwa einen Zentner Kernobst ernten zu können, braucht man schon wenigstens drei bis vier gut tragende Bäume – wobei das eventuell ebenfalls gewünschte Stein- und Beerenobst noch dazu käme.
Für Durchschnittsgärten sind grob gerechnet zwei Kernobstbäume, zwei Steinobstbäume und fünf bis zehn Beerensträucher empfehlenswert. Je nach Wuchsstärke und Kronenaufbau brauchen die Bäume unterschiedlich Platz. Schwachwachsende Buschbäume beanspruchen viel weniger Raum als Hochstämme. Dies ist vor allem bei der Pflanzenwahl, also beim späteren Kauf zu beachten.

Die Auswahl der Obstarten und -sorten hängt entscheidend vom Klima ab. In rauhen Gegenden mit Spätfrostgefahr kann der wärmebedürftige Pfirsich nie zufriedenstellend wachsen, wohl aber in milden Gebieten. Äpfel und Birnen gibt es in robusten und empfindlichen Sorten. Der in der Umgebung gepflanzte Baumbestand gibt einen ersten Aufschluß über die Obstarten und -sorten, die gute Erträge erwarten lassen. Lokalsorten, die schon seit langer Zeit in einer bestimmten Gegend kultiviert werden, sind hochgezüchteten Sorten in Widerstandskraft und Geschmack oft überlegen.

Befruchterbäume

Um Früchte ansetzen zu können, müssen fast alle Obstbäume erst von einer anderen Sorte derselben Art bestäubt werden. Dazu ist der Pollen einer geeigneten Sorte nötig, der von Bienen übertragen wird. Äpfel und Birnen sowie viele Steinobstsorten sind selbstunfruchtbar, sie brauchen einen Befruchterbaum in der Nähe. Falls im eigenen Garten kein Platz mehr für einen zweiten Baum ist, kann man sich vielleicht mit den Nachbarn absprechen.

Wildobst

Noch viel zu selten wird bei der Planung des Gartens an eine Verwendung der großen Auswahl an Wildobstgehölzen gedacht. Sanddorn *(Hippophaë rhamnoides)*, Kornelkirsche *(Cornus mas)*, Mispel *(Mespilus germanica)* und zahlreiche weitere Arten sind einmal genügsam, robust und pflegeleicht, zum anderen reich fruchtend, vitaminhaltig und geschmackvoll, und – sie sind ausgesprochen hübsche Ziergehölze.
Bei der Planung von Hecken, Gehölzstreifen und Strauchgruppen sollten die Wildobstarten unbedingt berücksichtigt werden. Die meisten zeigen im Frühling oder Frühsommer schöne Blüten und tragen im Spätsommer und Herbst dekorative Früchte. Holunder *(Sambucus nigra)*, Eberesche *(Sorbus aucuparia)*, Wildrosen *(Rosa canina, R. rugosa)* und andere sind außerdem hervorragende Vogelschutzgehölze, die Nistmöglichkeiten und Nahrung bieten.

Entscheidungshilfe
für die Auswahl von Obstgehölzen

Standortanalyse

- Bodenverhältnisse:
  fetter, tiefgründiger und ➡ alle Arten
  gleichmäßig feuchter
  Boden
  magerer, flachgründiger ➡ Wildobstarten
  und trockener Boden
- Lichtverhältnisse:
  sonnige Bereiche ➡ alle Arten
  absonnige bis halb- ➡ Sauerkirsche,
  schattige Bereiche Haselnuß,
   Stachelbeere,
   Himbeere,
   Brombeere
  schattige Bereiche ➡ nicht geeignet
- Wärme:
  wintermilde, warme ➡ alle Arten
  Klimabereiche
  gemäßigte Klima- ➡ alle außer
  bereiche Wein, Pfirsich,
   Aprikose
  rauhe, kalte ➡ robuste Sorten;
  Klimabereiche Kernobst,
  (Höhenlagen) Beerenobst,
   Wildobst

Anforderungen

- Pflegeaufwand:
  hoch ➡ anspruchsvolle
   Sorten
  gering ➡ Beerenobst,
   Wildobst
- Widerstandsfähigkeit
  (gegen Kälte, Schäd-
  linge, Krankheiten):
  hoch ➡ Wildobst,
   Lokalsorten
  gering ➡ anspruchsvolle
   Sorten

Nützlich und attraktiv: Johannisbeerhochstämmchen

Praxistips
für die Pflanzung von Obstgehölzen

- **Bester Zeitpunkt:** im Herbst, unmittelbar vor dem Laubfall an einem milden Tag
- **Pflanzgrube:** in Wurzelballengröße ausheben, Sohle spatentief lockern, eventuell Langzeitdünger oder verbessernde Zuschlagstoffe einbringen
- **Pflanzung:** bei Bedarf Pfahl einschlagen; Baum in die Grube stellen, gerade halten, Pflanzerde (wenn nötig, verbessert) einfüllen, durch Rütteln gleichmäßig verteilen, vorsichtig festtreten; Veredelungsstelle unbedingt über der Erdoberfläche belassen
- **Angießen:** um die Pflanzscheibe einen kleinen Wall anlegen, der das Gießwasser hält und vor Abschwemmung schützt; gründlich angießen

Gemüsegarten

Gesundes Gemüse, frisch auf den Tisch, wollen die meisten Hobbygärtner von eigener Scholle ernten. In einem Großteil der Gärten reservieren die Besitzer deshalb eine mehr oder minder umfangreiche Fläche für den Gemüseanbau, der nach konventioneller oder alternativer Methode betrieben werden kann.

Größe und Lage

Allgemeine Regeln für die Größe eines Nutzgartenteils gibt es nicht, denn nur selten wird ausreichend Platz sein, um den gesamten Bedarf der Familie zu decken. Auch der relativ hohe Arbeitsaufwand für eine komplette Eigenversorgung spricht häufig gegen einen umfangreichen Gemüsegarten. Im Durchschnitt werden etwa 20–25 m² pro Person als Gemüsekulturfläche angelegt. Wer nur einige spezielle Gemüsearten

oder einen kleinen Teil des Gesamtbedarfs ernten möchte, kommt auch mit weniger Platz aus. Wer sein Gemüse ausschließlich selbst ziehen möchte, muß dafür 50 m² Fläche pro Person bereitstellen. Inklusive Baum- und Beerenobst sowie Kräutern bedarf es für eine Eigenversorgung schon um die 130 m² pro Person.

Fast alle Gemüsearten brauchen für ihre Entwicklung eine freie, sonnige Lage. Schatten soll gar nicht oder nur kurzzeitig auf die Beete fallen. Fördernd auf Wachstum und Ertrag wirken sich Windschutzeinrichtungen aus, etwa umgebende Hecken, Zäune oder Gehölzstreifen. Sie sorgen für ein günstiges Kleinklima im Nutzbereich. Ebene Beete sind leicht zu bewirtschaften, außerdem erhalten sie gleichmäßig viel Sonne und Regen. Steile Hänge werden am besten terrassiert, dies bringt selbst bei nur leichter Neigung Vorteile.

Beschattung vertragen die Gemüsepflanzen nur kurzzeitig

Für die Befestigung der Wege zwischen den Beeten sind einfache Lattenroste eine praktische Lösung

Aufteilung und Einrichtung

Für einfaches Arbeiten und planmäßigen Anbau empfiehlt sich eine übersichtliche Einteilung des Nutzbereichs. Rechteckige Beete von 100–120 cm Breite, durch Wege von allen Seiten gut zugänglich, werden in Nord-Süd-Richtung angelegt. Von einem breiten Hauptweg (Breite 100–120 cm) zweigen die Beete ab, die Wege zwischen den Beeten dürfen schmal (30–40 cm) bleiben. Wegbeläge müssen trittsicher und rutschfest sein. Um auch bei schlechtem Wetter und bei aufgeweichtem Boden gut an die Beete gelangen zu können, sollte der Hauptweg mit Platten ausgelegt werden. Die Seitenwege, die nur für Pflegearbeiten benutzt werden, lassen sich auch durch Auslegen von Brettern, Aufstreuen von Rindenmulch oder ähnlich einfache Mittel ausreichend befestigen.

Statt der klassischen Einteilung des Gemüsegartens mit Hauptweg, Seitenwegen und Beeten in Reih und Glied sind auch andere Lösungen praktikabel. Ein Beispiel dafür zeigt die Anlage eines halbkreisförmigen Nutzgartens auf Seite 103. Für Kinder ist ein kleiner Bereich, in dem sie selbst Radieschen und Bohnen ziehen können, eine wertvolle und lehrreiche Einrichtung.

Um sich unnötige Wege und lästige Arbeit beim Gießkannenschleppen zu ersparen, sollte direkt beim Nutzbereich ein Wasseranschluß vorhanden sein. Die Installation eines Brunnens oder eines Regenwassersammlers ist gerade für größere Nutzflächen sinnvoll. Besonders im Gemüsegar-ten werden viele Geräte gebraucht; deshalb empfiehlt sich ein Gerätehäuschen in unmittelbarer Nähe. Eine Ruhebank oder ein kleiner Sitzplatz laden schließlich zum Verweilen nach getaner Arbeit oder zum Pausieren ein.

Hügelbeet und Hochbeet

Schon bei der Anfangsplanung sollte auch an die Errichtung eines Hoch- oder Hügelbeets gedacht werden. Diese von altersher bewährten Kulturformen sind besonders in kleinen Gärten sinnvoll, denn auf wenig Raum kann so ein Vielfaches dessen erwirtschaftet werden, was auf flachen Beeten wächst. Zudem bieten Hügel- und Hochbeete eine gute Möglichkeit, Gartenabfälle weiterzuverwerten; Gehölzschnitt und Kompost lassen sich hier in reichlichen Mengen nutzen.

Hochbeete brauchen eine dauerhafte Umbauung, die schon bei der Erstanlage einfach errichtet werden kann. Auch wenn Hoch- oder Hügelbeete erst später entstehen sollen, ist es ratsam, schon im voraus einen Platz an einem günstigen Standort zu reservieren. Spätere Umbauten, Umpflanzaktionen und Platzverluste werden so vermieden.

Neben besserer Flächen- und Lichtausnutzung bietet ein Hügelbeet den Vorteil höherer Bodentemperaturen, wodurch sich die Wachstumszeit verlängert

Gewächshaus und Frühbeet

Für wärmebedürftige Kulturen, zum Vorziehen von Jungpflanzen und für den Winteranbau müssen in unseren Breiten besondere Voraussetzungen geschaffen werden. Empfindliche Gemüse und Wintersalat kann man nur unter Glas kultivieren, ein Frühbeet ist für den versierten Gemüsegärtner unerläßlich. Der sogenannte »kalte Kasten« erwärmt sich nur durch die Sonneneinstrahlung. Mistbeete oder gepackte Kästen noch zusätzlich durch Verrottungswärme. Frühbeete können je nach Bedarf mit einfachen Mitteln selbst gebaut oder aber als Fertigbausystem gekauft werden. Für die meisten Zwecke genügt ein Frühbeet von etwa 1–2 m² Grundfläche. Man sollte es an einem geschützten, vollsonnigen Platz errichten und durch entsprechende Wege leicht zugänglich machen.

Ebenfalls am wärmsten und sonnigsten Platz muß ein Gewächshaus stehen, das noch weitergehende Möglichkeiten bietet. Kleingewächshäuser gibt es als Bausätze im Handel, wahlweise in einfacher oder luxuriöser Ausführung, als freistehende Konstruktion oder als Anlehngewächshaus.

Kräutergarten

Gewürz-, Küchen- und Heilkräuter sind aus einem langen Dornröschenschlaf wiedererwacht, ihre Vorzüge und ihr gesundheitlicher Wert werden heute wieder bewußt. Viele Kräuter helfen nicht nur dem Menschen, die Gesundheit zu fördern, sondern auch den Pflanzen. Als schmackhafte Speisezutaten und Naturheilmittel, als schädlingabwehrende Begleitpflanzen oder für die Gewinnung von Pflanzenschutzmitteln gehören sie in jeden Garten, in dem die Natur den Vorrang hat.

Kräuter sollten keinesfalls stiefmütterlich behandelt und verloren in eine Ecke gepflanzt werden: Erstens sind sie viel zu dekorativ, um unbeachtet zu bleiben, zweitens werden sie um so mehr genutzt, je stärker man sie ins Blickfeld rückt. Kräuter schnell und leicht vom Garten in die Küche geholt: Dieses Prinzip sollte die Lage des Kräutergartens bestimmen. Kräutergärten sind durchaus ästhetische Gartenteile, die gestalterisch

Wer sagt, daß Kräuter unansehnlich sind? Diese Kräuterspirale beweist das Gegenteil

eingesetzt werden können. Als Beispiel sei nur die Kräuterschnecke oder Kräuterspirale erwähnt, die auf kleinem Raum viele verschiedene Arten beherbergt und jeder ihren optimalen Standort bietet.

Kräuter werden gewöhnlich auf einem eigenen Beet gepflanzt, das am Rande des Gemüsegartens liegt. Auch sie brauchen volle Sonne. In Form einer kleinen Rabatte können sie Salat und Wurzelgemüse säumen. Ein mit niedrigen Trockenmauern oder Palisaden errichtetes, langgestrecktes Hochbeet erleichtert die Pflege und Ernte. Für eine »Standardausstattung« mit Kräutern werden etwa 1 m² pro Person benötigt.

Gemüse und Kräuter im Ziergarten

Viele Gemüsearten und vor allem Kräuter sind so dekorativ, daß sie auch als Zierpflanzen dienen können. Gerade hübsch blühende und von Bienen umschwärmte Gewürze wie etwa der Salbei stehen den Zierstauden in nichts nach. Weshalb also keine Kräuter in die Staudenbeete pflanzen? Salbei *(Salvia officinalis)*, Rosmarin *(Rosmarinus officinalis)* und Ysop *(Hyssopus officinalis)* sind zum Beispiel ausgezeichnete Begleiter von Rosen.

Stangenbohnen, Artischocken sowie andere Gemüse dürfen ohne weiteres zwischen oder hinter Stauden und Sommerblumen gepflanzt werden. Solange sie gut zugänglich für die Pflege und Ernte bleiben, erfüllen sie gleich doppelten Zweck. Vor allem für Leute, die nur zum Spaß ein paar Salatköpfe ziehen möchten, ist das Gemüse zwischen Zierpflanzen gut aufgehoben.

Eine weitere Möglichkeit, Zier- und Nutzbereich miteinander zu verbinden, ist die Zupflanzung von Zierpflanzen zum Gemüse. Nach dem Vorbild der Bauerngärten, wo Salat in schmucker Eintracht neben Ringelblumen wächst, bringt eine kleine Stauden- oder Sommerblumenrabatte entlang des Hauptwegs Pep in den Gemüsegarten. Bunte Farbkleckse hübscher Stauden machen auch den sonst eher eintönig grünen Gemüsegarten zu einem Schmuckstück.

Gemüse und Blumen im Bauerngarten

Entscheidungshilfe
für die Anlage eines Gemüsegartens

Standortanalyse

• Lichtverhältnisse:	
sonnige Bereiche	➜ gut geeignet
absonnige bis halbschattige Bereiche	➜ nur für spezielle Kulturen
schattige Bereiche	➜ nicht geeignet
• Bodenverhältnisse:	
schwere, tonige, zu Staunässe neigende Böden	➜ besondere Maßnahmen erforderlich: Drainage, Lockerung mit Sand
normale, humose, krümelige Böden	➜ gut geeignet
leichte, durchlässige, schnell austrocknende Böden	➜ Bodenverbesserung erforderlich: Untermischen von Ton oder Lehm

Anforderungen

• Grad der Gemüseversorgung:	
volle Selbstversorgung	➜ 50 m² pro Person
Zusatzversorgung	➜ 25 m² pro Person
Naschgarten	➜ integriert in den Zierbereich
• Ökologischer Wert: hoch	➜ vielfältiger Gartenteil mit biologischem Anbau
gering	➜ ohne Fruchtwechsel betriebener Intensivanbau

Praxistips
für die Anlage eines Gemüsegartens

- **Bester Zeitpunkt:** Frühjahr bis Herbst
- **Baumaßnahmen:** Hauptwege entsprechend dem Plan anlegen; fest zu installierende Einrichtungen wie Brunnen, Gewächshaus, Hochbeet fertigstellen
- **Bodenvorbereitung:** Boden tiefgründig lockern, schwere Böden durch Zugabe von Sand, leichte Böden durch Zugabe von Lehm verbessern; Gründüngung ausbringen und Biomasse leicht in die Krume einarbeiten oder Kompost aufbringen und flach einharken
- **Anlegen der Beete:** Beetgrenzen markieren, dazwischen schmale Seitenwege anlegen; für Windschutz niedrige Hecken pflanzen

Mit den Überlegungen zur Plazierung und Anordnung von Gemüse, Kräutern und Obst erhält unser Beispielsgarten auf dem Papier sein endgültiges Gesicht: ① = Gemüsegarten mit regelmäßig angeordneten Beeten; ② = Kräuter und Stauden in einem Hochbeet; ③ = Obsthecke an der Grundstücksgrenze. Nahe beim Nutzgarten findet, wie schon anfangs vorgesehen, der Kompost ④ seinen Platz, ein Brunnen ⑤ in direkter Nachbarschaft zu den Gemüsebeeten wird später die Wasserversorgung erleichtern. Der Wunsch nach einer ruhigen Sitzecke ⑥ wurde aufrechterhalten, die Terrasse soll zum Teil mit einer Pergola ⑦ überdacht werden. So haben sich im Lauf der Planung einige Vorstellungen konkretisiert, neue Ideen und Details kamen hinzu; zuweilen kann es auch nötig werden, einen Plan in Teilen »umzuschmeißen«, weil sich neue, sinnvollere Lösungen ergeben. Erst jetzt stehen der endgültige Wegeverlauf und die Ausdehnung der Grünflächen fest

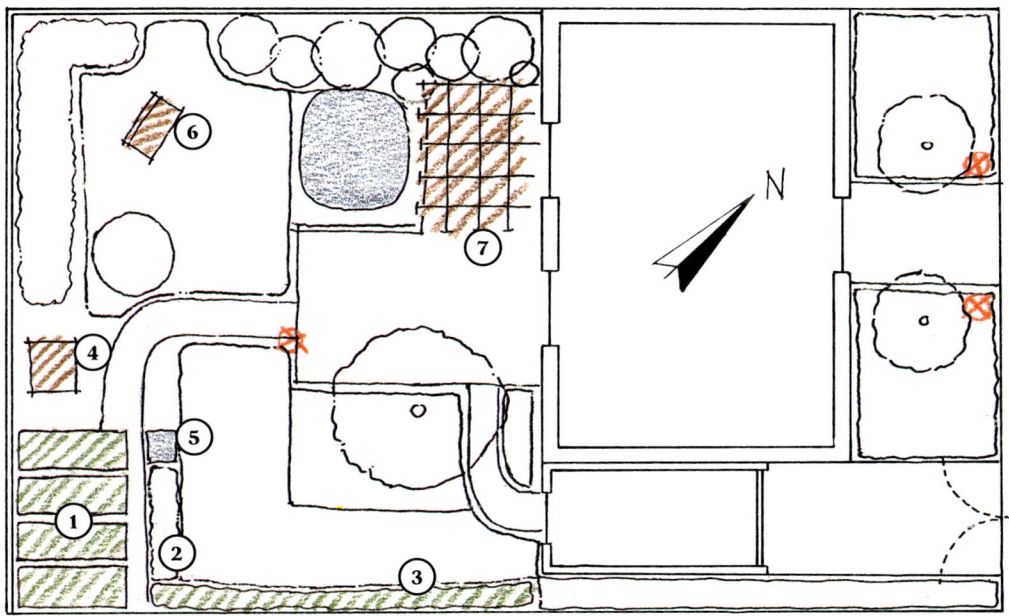

Besondere Gartenbereiche

Vorgarten

Vielerorts bleiben die Vorgärten ein Stiefkind der Gartengestaltung. Eine trostlose Rasenfläche, eine lichtschluckende Konifere, ein paar bodendeckende Sträucher sind oft alles, was den Eingangsbereich »ziert«. Der Vorgarten ist aber gleichsam die Visitenkarte des Hauses, soll einladen zum Betreten und den Besucher willkommen heißen. Selbst auf den meist winzigen Flächen vor der Haustür lassen sich attraktive Gartenräume schaffen, die ganzjährig abwechslungsreich sind. Detaillierte Beispiele zur Vorgartengestaltung finden Sie auf den Seiten 120–121.

Der überwiegende Teil aller Vorgärten befindet sich jedoch in schattiger bis halbschattiger Lage. Hier dürfen nur Pflanzenarten angesiedelt werden, die mit wenig Licht auskommen. Deshalb muß jedoch ein Vorgarten nicht langweilig sein. Farne mit filigranen Wedeln, Grashorste mit

Mit Gehölzen und Grünflächen, Staudenbeeten, Steingarten und Nutzbereich ist die Grundausstattung des Gartens komplett. Auch hier bietet sich wieder der Vergleich mit dem Einrichten einer Wohnung an: Teppiche und Möbel wären also verteilt, jetzt fehlen noch Tischdecken, Bücher, Vasen und andere Gegenstände – auf den Garten übertragen: kleinere Bereiche, die das Ganze abrunden und vollenden.

Daß Vorgärten oft nicht von der Sonne verwöhnt sind, muß sie nicht zu Stiefkindern der Gestaltung machen: Schattenverträgliche Pflanzen entfalten in diesem offenen Vorgarten ihren besonderen Reiz

schwingenden Halmen, Waldbodenstauden mit zierlichen Blüten und Gehölze, ausgewählt für die besonderen Standortbedingungen, ergeben eine ansprechende Pflanzengemeinschaft. Rhododendren, kombiniert mit anderen Pflanzen, die auf sauren Böden wachsen, versprühen im Frühsommer ein wahres Farbenfeuerwerk.

Je kleiner die Vorgartenfläche, desto sorgfältiger muß die Planung sein, um wirklich jedes Fleckchen Erde zu nutzen. Ausweichen kann man mit Kletterpflanzen, die nur wenig Pflanzraum beanspruchen und ihr Grün in die Höhe entfalten. Ein Kletterbogen über der Eingangstür, berankt mit Rosen oder Waldreben *(Clematis*-Arten), lädt ein zum Durchtreten und Hereinkommen. Rankpflanzen am Spalier oder selbsthaftende Kletterer an der Hauswand bilden einen farbigen Hintergrund.

Geschlossener Vorgarten

An lauten Straßen wird man den Vorgarten nach außen hin abschotten, um Lärm und Staub vom Wohnbereich abzuhalten. Dazu dient meist eine Hecke, die den geschlossenen Vorgarten beherrscht. Schnitthecken oder freiwachsende Hekken filtern Staubpartikel, brechen die Schallwellen und umfrieden den Vorgarten im wahrsten Sinne des Wortes. Ein Zaun, in Material und Form zur Architektur passend, bildet die äußere Grenze. Der Innenraum des Vorgartens bietet dann oft nur noch wenig Platz, aber ein paar Großstauden oder Grashorste, kombiniert mit Bodendeckern, schaffen ein ansprechendes Bild.

Geschlossener Vorgarten mit freiwachsender Hecke als attraktive Abschirmung

Stein- und Steppengärtchen vor der Haustür

Offener Vorgarten

In ruhigen Wohngebieten läßt sich ein Vorgarten großzügiger anlegen. Da keine Raum beanspruchende Hecke nötig ist, bietet sich eine größere Fläche für die Gestaltung. Auf einen Zaun kann man ebenfalls verzichten, die Grenze des Gartens wird durch andere optische Mittel markiert. Eine ausdauernde, anspruchslose Staudenrabatte erfüllt diesen Zweck ebenso wie eine Pflanzung von kleinen Sträuchern in Verbindung mit großen Findlingen. Den Hintergrund bilden größere Gehölze oder hohe Stauden.

Etwas Besonderes wird der Vorgarten, wenn man ihn als Wassergarten gestaltet, ausgestattet mit einem kleinen Teich oder Sprudelstein. Alle Blicke auf sich ziehen wird auch ein als Steingarten oder Kiesbeet angelegter Garten. In sonniger Lage läßt sich vor der Haustür auch ein Rosengärtchen, ein Kräutergarten oder eine Art Mini-Bauerngarten mit niedrigen Buchshecken und bunten Sommerblumen schaffen.

95

Begrünte Mauern und Dächer

Vielseitige Kletterpflanzen

Nicht nur im Vorgarten, auch in anderen Gartenbereichen erobern Kletterpflanzen aller Art mit ihren Blättern und Blüten die dritte Dimension. Hauswände erhalten durch Kletterpflanzen einen grünen Pelz, der das Kleinklima günstig beeinflußt. Pergolen werden zu lauschigen Ruhestätten mit kühlem Schatten, unschöne Mauern oder häßliche Zäune lassen sich mit Kletterpflanzen wirkungsvoll kaschieren.

Aus der Vielzahl der Pflanzenarten kann man frei wählen, es gibt für jeden Standort und für jeden Zweck geeignete Arten. Efeu *(Hedera helix)* bildet dichte, dunkelgrüne Decken an schattigen Wänden, Wilder Wein *(Parthenocissus*-Arten) malt im Herbst ein feurigrotes Bild, der Schlingknöterich *(Fallopia*-Arten) entfaltet duftig-weiße Blütenvorhänge. Je nach Art wachsen Kletterpflanzen ohne Hilfe in die Höhe oder benötigen eine Rankhilfe. Dies muß bei der Auswahl unbedingt berücksichtigt werden.

Efeu überzieht auch schattige Ecken und Winkel mit einem dichten, grünen Pelz

Für die Begrünung von Dächern sind anspruchslose Pflanzen wie Fetthennen (Sedum-Arten) am besten geeignet

Dachbegrünung

Durch Bebauung verlorengegangene Freiflächen können teilweise wieder begrünt werden, indem man sie mit speziellen Pflanzen besiedelt. Garagen- und Gerätehausdächer mit nicht allzu starker Dachneigung sind bestens für eine Begrünung geeignet. Sofern durch einen Fachmann eine ausreichende Tragkraft des Daches garantiert wird, kann man eins der vielen Dachbegrünungssysteme einsetzen, um neuen Grund für Pflanzen zu schaffen. Inzwischen sind Leichtbausysteme im Handel, die auch auf schwächere Dächer noch aufgesetzt werden können.

Die Flora auf einem Dach ist extremen Verhältnissen ausgesetzt, Nässe wechselt mit Trockenheit, Kälte mit Hitze. Für die Begrünung kommen daher nur robuste Pflanzen in Frage, die auch keine besondere Pflege brauchen. Es eignen sich zum Beispiel genügsame und langsamwachsende Gräser, Fetthennen *(Sedum)*, Dachwurzarten *(Sempervivum)* oder Nelkenpolster *(Dianthus)*.

Kübel und Tröge

Wie eine Blumenvase in der Wohnung für mobilen Pflanzenschmuck sorgt, tun dies Kübel und Tröge im Garten. Hauptsächliches Einsatzgebiet für große Pflanzgefäße aus den unterschiedlichsten Materialien ist die Terrasse. Exotische Kübelpflanzen mit überschwenglicher Blatt- und Blütenfülle und herrlichem Duft sorgen für mediterranes Flair im Sommer. Aber auch an besonderen Punkten eines Weges, im Eingangsbereich oder als Blickfang mitten im Rasen kommt ein

Ob auf der Terrasse oder als Blickfang im Rasen: Kübelpflanzen setzen Akzente

Kübel zu Ehren. Mit besonderen Kulturen bepflanzt, etwa mit Steingartengewächsen, oder als Miniteich gestaltet, erweitert ein Trog die Vielfalt der Lebensräume im Garten.

Stets muß das Material des Pflanzgefäßes zum Stil des Gartens passen. Ein massiger Granittrog wird in einem sachlich-eleganten Garten genauso fehl am Platze wirken wie ein rustikaler Holzkübel. Dagegen fügt sich ein schlichter Terrakottatrog problemlos in die meisten Gärten ein und ordnet sich auch der Bepflanzung unter.

Festinstallierte Pflanztröge sind ein besonderes Gestaltungselement. Sie können anstelle von Hecken oder Zäunen stehen, als Raumteiler wirken oder Sitzplätze abgrenzen. Pflanzgefäße dieser Art müssen natürlich schon bei der Planung berücksichtigt werden, während mobile Kübel auch erst später Einzug halten können.

Einrichtungen für den Naturschutz

Die wichtigste Einrichtung, die dem Schutz der Natur zugute kommt, besteht in der Gestaltung eines vielfältigen Lebensraums. Ein Garten mit verschiedenen Biotopen, also Hecken, Wiesen, Staudenbeeten, Teich, Feuchtstellen und Trockenzonen wird auch den verschiedensten Lebewesen eine Heimstatt sein. Viele Gärtner sind überrascht von der Geschwindigkeit, mit der sich Tiere und Wildpflanzen an für sie geeigneten Standorten ansiedeln. Wer noch mehr für die Natur im Garten tun möchte, findet im folgenden einige Anregungen, die sich ohne großen Aufwand umsetzen lassen. Eine »Pflege« ist dabei, abgesehen von Nistkästen und Vogeltränken, nicht nötig.

97

Totholzhaufen

In einer ruhigen und wenig auffälligen Ecke des Gartens bietet ein lose aufgeschichteter Haufen Reisig etlichen Tieren Unterschlupf. Igel, Spitzmaus und Kröte ziehen sich hierher von der Schädlingsjagd zurück. Samen von Wildblumen fliegen an, daraus entwickeln sich Schönheiten wie die Königskerze *(Verbascum)*, die den Garten mit ansprechenden Blüten bereichern. Ähnlichen Nutzen hat ein toter Baumstamm, in dessen Ritzen sich zahlreiche Insekten ansiedeln. Der Wildwuchs um solche Stellen sollte geduldet werden, viele der dort wachsenden Pflanzen dienen Schmetterlingen als Nahrung.

Sandhaufen

Mit einem kleinen Haufen Sand oder lose aufgeschichteten Steinen entsteht ein Trockenbiotop für Eidechsen und Käfer. Für den ihnen bereitgestellten Lebensraum bedanken sie sich durch fleißiges Schädlingsvertilgen. Pionierpflanzen wie Klatschmohn *(Papaver rhoeas)* und Natternkopf *(Echium vulgare)* nehmen, wenn sie geduldet werden, schnell Besitz von diesem trockenen Lebensraum.

Unkrautecke

Ein klein wenig »Unordnung« im Garten sollte jeder Naturliebhaber akzeptieren. Ein Plätzchen am Rand einer Hecke oder im verlassenen Winkel hinter dem Holzschuppen darf man Brennessel *(Urtica dioica)*, Schöllkraut *(Chelidonium majus)* und Gutem Heinrich *(Chenopodium bonus-henricus)* gönnen, solange sie nicht im übrigen Garten lästig werden. Sie und die vielen »Unkrautkollegen« sind Futterpflanzen für viele Insekten, ihre Duldung erhöht die Vielfalt im Garten.

Vogeltränke und Nistgelegenheit

Flache Schalen, die stets mit frischem Wasser gefüllt sind, oder mit Folienresten angelegte Feuchtstellen dienen Vögeln als Tränken und Badeplätze. Nisthilfen für verschiedene Vogelarten, vor Katzen sicher aufgehängt, laden die gefie-

Lose aufgeschichtete Baumschnittabfälle stellen eine wertvolle ökologische Nische im Garten dar

Wildblumen werden von Bienen, Schwebfliegen und anderen Insekten bevorzugt angeflogen

derten Gartenhelfer zum Brüten ein. Besonders attraktiv für Vögel wird der Garten durch eine Vogelschutzhecke aus überwiegend heimischen Gehölzen. Deren Stacheln und Dornen bieten Schutz vor natürlichen Feinden, die Beeren sind eine wichtige Nahrungsquelle.

Wildblumen

Wildblumen in reicher Vielfalt ziehen eine Fülle verschiedener Insekten an. Vor allem ungefüllt blühende Arten, insbesondere Korb- und Doldenblütler, wie Schafgarbe *(Achillea millefolium)*, Mutterkraut *(Chrysanthemum parthenium)* und Kornblume *(Centaurea cyanus)*, werden von Schwebfliegen, Hautflüglern, Käfern und anderen Kleintieren gerne besucht. Diese helfen dann einerseits bei der Einstellung eines biologischen Gleichgewichts, so daß Schädlinge kaum auftreten, andererseits sorgen sie für die Bestäubung fruchttragender Nutzpflanzen, also für reiche Ernten.

Gestaltungs-beispiele

Konkrete Beispiele anstelle reiner Theorie erweisen sich immer wieder als besonders nützlich. Anhand verschiedener Gartenpläne sollen hier Grundlagen und Möglichkeiten der Gartengestaltung verdeutlicht werden. Die einzelnen Gartenteile, Gehölze, Grünflächen, Staudenbeete und andere, werden in den Plänen beispielhaft zu einem harmonischen Ganzen gefügt.

Richten Sie Ihren Garten ähnlich ein wie Ihr Haus oder Ihre Wohnung. Betrachten Sie Bäume, Sträucher und Stauden als Möbelstücke, Wege, Zäune und Wasseranschluß als Installationen, Grünflächen als Teppichware und den Gartengrund als Zimmerfläche. Beginnen Sie mit der Einrichtung, indem zunächst die »großen Möbelstücke« an Ort und Stelle kommen, sprich: Gehölze erhalten zuerst ihren Platz.

Lesen Sie auch die nachfolgenden Beispiele nach diesem Muster. So erhalten Sie schnell ein Gefühl für die Einrichtung eines Gartens, entdecken seinen Charakter und werden sogar die Blütenbilder vor Ihrem geistigen Auge sehen können. Die Vielfalt der Möglichkeiten zeigt Ihnen die unterschiedlichen Stilrichtungen, die verschiedenen Nutzungsformen und Themen, unter denen die hier vorgestellten Gärten gestaltet wurden.

Bei den Plänen wurde darauf verzichtet, die Gehölze, zum Beispiel einer Hecke, einzeln aufzuführen. Im Kapitel »Gehölze« finden Sie eine Auswahl geeigneter Arten, die Sie dann nach Ihren Vorstellungen aussuchen können. Grundsätze für die Plazierung von Strom- und Lichtanschlüssen wurden bereits auf Seite 29 genannt. Da hierbei viele Faktoren eine Rolle spielen, sind sie nur im ersten Plan beispielhaft eingetragen.

Bei der Planung eines Gartens geht man ähnlich vor wie beim Einrichten einer Wohnung

Pflegeleichter Ziergarten

Der knapp 400 m² große Garten liegt inmitten einer Einfamilienhaussiedlung am Rand einer Großstadt. Die Bewohner wollen den Garten vor allem zur Erholung und als Ruhestätte nutzen, vom Streß des Alltags ausspannen. Ungestörtes Sonnenbaden soll ebenso möglich sein wie gemütliches Sitzen im Schatten, abendliches Ruhen und geselliges Feiern, wobei jeweils Einblicke von außen nicht gerade erwünscht sind. Angestrebt wird zudem ein möglichst geringer Pflegeaufwand.

Zur modernen Architektur des Hauses passend wurde eine unkonventionelle Grundrißaufteilung vorgenommen. Entsprechend der Anforderung nach reichlich bemessenem Sitzplatz liegen großzügige Terrasse und Zweitsitzplatz als spiegelverkehrte Pendants gegenüber; ein Weg verbindet die Spitzen der beiden in Form eines Dreiecks gestalteten Anlagen. Als Bodenmaterial wurde schlichtes Holz gewählt.

Sicht- und Windschutz bieten die Gehölze rund um den Garten. Abwechslungsreich zusammengestellt aus Blütensträuchern, fruchttragenden Gehölzen und Arten mit farbigem Laub (zum Beispiel Flieder, Kornelkirsche, Haselnuß, Vogelbeere, Zierapfel, Vogelkirsche, Ahorn), die auch in Wuchshöhe und -form variieren, erscheint die Gehölzkulisse zu jeder Jahreszeit in neuem Gewand. Rhododendren in der halbschattigen, kühlen Nordostecke geben dem Garten im Frühsommer einen besonderen Glanz, wenn sie neben der Terrasse in leuchtenden Farben blühen.

Ein großflächiger Rasen bildet die grüne Grundlage zu Füßen der bunten Gehölze. Eine Gruppe aus Solitärstauden und großen Grashorsten *(Iris-Barbata-Elatior-Hybriden, Pennisetum alopecuroides, Miscanthus sinensis)* zieht mitten im Rasen alle Blicke auf sich. An den Sitzbereichen erstrecken sich Staudenrabatten, von dort gut einsehbar und wirkungsvoll verteilt. Jeweils eine Hochstammrose der Sorte 'The Fairy' übernimmt die Funktion eines Wegbegleiters an den Sitzplatzecken. Über der Terrasse sorgt eine Pergola mit üppiger Waldrebenbepflanzung *(Clematis-*Hybride 'Lasurstern') für erwünschten Schatten.

Als Hochstämmchen gezogene Rosen – hier die Sorte 'The Fairy' – lassen sich gut als Blickfang einsetzen; in unserem Beispiel krönen sie die Staudenrabatten

Die Bepflanzung wurde so gewählt, daß zu jeder Jahreszeit etwas blüht; die vorherrschenden Farben sind Grün und Blau *(Delphinium-*Hybriden, *Campanula carpatica, Chrysanthemum maximum, Veronica longifolia, Erigeron-*Hybriden, *Oenothera missouriensis, Geranium* x *magnificum* und andere). Durch die vielen blauen Stauden wirkt der Garten optisch weiträumiger. Hochwachsende und polsterbildende Arten wechseln in den Rabatten ab. Im Winter sorgen einige immergrüne Gehölze und trockene Halme der Staudengräser für Abwechslung.

Der Garten ist je nach Wunsch noch erweiterbar, zum Beispiel durch zusätzliche Staudenbereiche vor den Gehölzen oder einen kleinen Teich im Rasen.

① *Wohnhaus*
② *Pergola, bepflanzt mit Clematis*
③ *Terrasse mit Holzbelag*
④ *Zweitsitzplatz mit Holzbelag*
⑤ *Weg mit Holzpflaster*
⑥ *freiwachsende Hecke aus verschiedenen Sträuchern*
⑦ *Rhododendren*
⑧ *Rasen*
⑨ *Rasen und Blumenwiese*
⑩ *Gruppe aus Solitärstauden und Gräsern*
⑪ *Staudenrabatte*
⑫ *Hochstammrose 'The Fairy'*
⑬ *Kompostplatz*
⑭ *Stromanschluß*
⑮ *Wasseranschluß*

Grundstücksgröße: ca. 400 m²
Maßstab: 1:125

101

Zier- und Nutzgarten

Vorgabe war hier ein etwa 360 m² großes Grundstück, auf dem alle »klassischen« Bereiche eines Gartens verwirklicht sind. Zierde und Nutzwert sollen sich etwa die Waage halten, der Nutzbereich funktionell und zugleich attraktiv gestaltet werden.

Runde, weiche Linien herrschen bei der Gestaltung dieses Gartens vor. Terrasse und Nutzgarten sind als Halbkreise angelegt, zu letzterem gelangt man über einen Kiesweg. Nach Norden schützt eine immergrüne, hohe Schnitthecke aus Schwarzem Liguster *(Ligustrum vulgare* 'Atrovirens'*)* vor kalten Winden und verdeckt den Parkraum der Straße. Am westlichen Grundstücksrand bildet eine freiwachsende Hecke aus Ziergehölzen (Deutzie, Scheinquitte, Pfaffenhütchen) und Nutzgehölzen (Haselnuß, Holunder, Kornelkirsche) die Begrenzung. An der wärmsten und sonnigsten Grundstücksgrenze stehen Beerensträucher und freiwachsende Obstspaliere.

Um einen Teil der Terrasse zieht sich ein der Rundung angepaßtes, üppiges Staudenbeet, in das Gewürzkräuter integriert sind (Ysop, Lavendel, Salbei und andere Kräuter zwischen Schwertlilie, Katzenminze, Taglilie, Lilien und anderen). So können die Kräuter leicht für den Küchenbedarf geerntet werden und erfüllen gleichzeitig Zierfunktion. Auch um den halbkreisförmigen Nutzbereich, der durch Holzpflasterwege erschlossen wird, gruppieren sich bunte Stauden- und Kräuterrabatten. Zentral gelegen ist der Brunnen zur Wasserversorgung, überlaufendes und versickerndes Wasser speist gleichzeitig ein kleines Sumpfbeet.

Der Hauptweg trennt die Grünflächen: ein strapazierfähiger Rasen auf der westlichen und eine Streuobstwiese auf der östlich gelegenen Seite. Die Kompostanlage befindet sich im Halbschatten von Obstbäumen, eine kleine Holzhütte beherbergt Werkzeug und Gartengeräte.

Obstspalier an der Grundstücksgrenze mit bunter Sommerblumenunterpflanzung

① *Wohnhaus*
② *Terrasse mit Natursteinpflaster*
③ *halbkreisförmig angelegter Gemüsegarten mit Beeten in Dreiecksform und Holzpflasterwegen*
④ *Hauptweg mit Kiesbelag*
⑤ *Schnitthecke aus Liguster*
⑥ *freiwachsende Hecke aus verschiedenen Zier- und Nutzsträuchern*
⑦ *Beerenstrauchhecke*
⑧ *Obstspalier als Grundstücksbegrenzung*
⑨ *Staudenbeet mit Gewürzkräutern*
⑩ *Brunnen mit Wasseranschluß*
⑪ *Sumpfbeet*
⑫ *Rasen*
⑬ *Wiese*
⑭ *Obstbäume*
⑮ *Kompostplatz*
⑯ *Geräteschuppen*

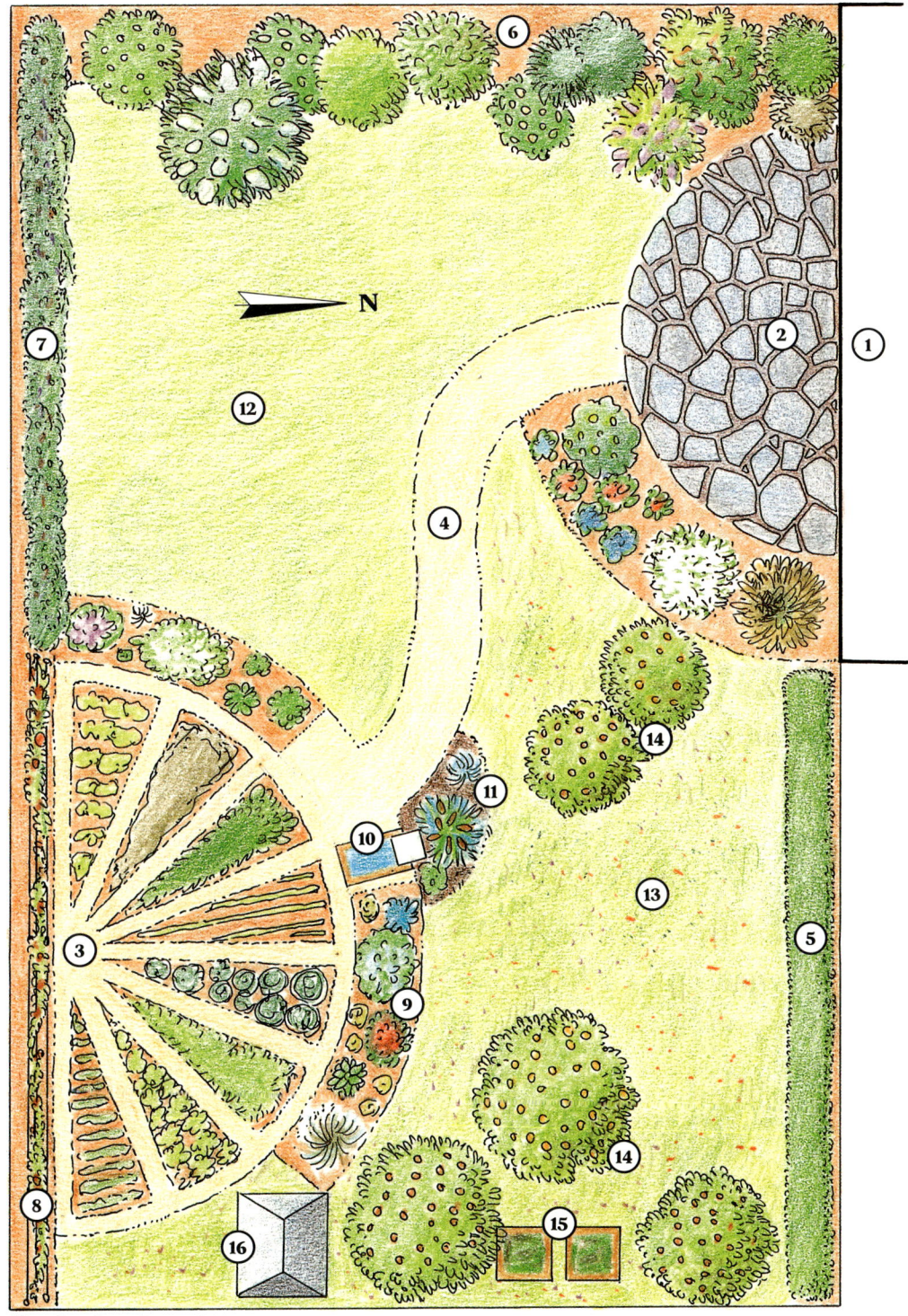

Grundstücksgröße: ca. 360 m²
Maßstab: 1:125

103

Garten mit und für Kinder

Familien mit Kindern, die über einen Garten verfügen, können sich glücklich schätzen. Nirgends werden Kinder mehr Freude am Spiel im Freien haben als im eigenen Garten. Diesen so robust und strapazierfähig zu gestalten, daß er den Anforderungen der Kinder gerecht wird und vielfältige Spielmöglichkeiten eröffnet, ist gar nicht so schwierig. Grundsätzlich gilt besonders für Gärten, in denen sich Kinder aufhalten: keine giftigen Pflanzen verwenden, keine schlecht einsehbaren Spielecken einrichten, keine unsicheren oder gefährlichen Einrichtungen schaffen. Hier ein Beispiel eines etwa 400 m² großen Gartens in einer Einfamilienhaussiedlung.

Von der großen, zentral gelegenen Terrasse mit robustem Holzbelag behalten die Eltern die Spiele der Kinder stets im Auge. Eine weiträumige Rasenfläche mit strapazierfähigem Spiel- und Sportrasen ist genau richtig zum Herumtollen. Ein Sandkasten, mit einer Pflasterung umgeben, liegt direkt neben der Terrasse, Kleinkinder bleiben so in ständigem Blickkontakt. Ein Ahorn *(Acer rubrum)* spendet in der Mittagszeit Schatten. Rund um den Sandkasten laden Palisaden in unterschiedlicher Größe und Höhe zum Klettern ein, von den höchsten führt eine Rutschbahn in den Rasen.

Im nördlichen Teil liegt ein kleiner Nutzgarten, Kinder entdecken hier die Gartenarbeit mit viel Freude spielerisch auf ihrem eigenen Beet. Obstbäume liefern im Herbst die heißbegehrten frischen Äpfel, und von der Beerenhecke im Osten läßt sich gut naschen!

Den westlichen und südlichen Gartenrand bildet ein kleiner Wall, abwechslungsreich bepflanzt mit Sträuchern und Bodendeckern *(Potentilla fruticosa, Hypericum* 'Hidcote', *Mahonia aquifolium, Rosa rugosa)* eine ansprechende Alternative zum Zaun. Eltern und Kinder werden gleichermaßen Freude haben an den verschieden großen, aber sehr flachen Wasserbecken, begrünt mit Wasserpflanzen in eingepaßten Containern. Von einer künstlichen Quelle rinnt das Wasser zu den jeweils niedriger gelegenen Becken und bleibt stets in Bewegung. Rund um die Becken siedeln Stauden.

Für luftige Abenteuer: Baumhaus

Erweiterungsfähig ist dieser Garten in vielfacher Hinsicht. Ein Baumhaus für größere Kinder, ein Gartenhäuschen für kleinere, ein Planschteich im Rasen, eine Seilrutsche und viele andere kindgerechte »Attraktionen« lassen sich noch unterbringen. Oft ist aber weniger mehr – Kinder brauchen auch die Ruhe und Beschaulichkeit, um zum Beispiel eine Ameise gründlich zu studieren oder ein Gänseblümchen wachsen zu sehen.

① *Wohnhaus*
② *Terrasse mit Holzbelag*
③ *Rasen*
④ *Sandkasten, umrandet mit einer Pflasterfläche*
⑤ *Ahorn (Acer rubrum)*
⑥ *Palisaden zum Klettern*
⑦ *Rutschbahn*
⑧ *Gemüsegärtchen*
⑨ *Apfelbäume auf Wiese*
⑩ *gepflasterter Weg*
⑪ *Brunnen*
⑫ *Kompostbehälter*
⑬ *Beerenstrauchhecke*
⑭ *Haselnuß (Corylus avellana)*
⑮ *Bluthasel (Corylus maxima 'Purpurea')*
⑯ *bepflanzter Erdwall*
⑰ *flache Wasserbecken mit Pflanzcontainern*
⑱ *künstliche Quelle*
⑲ *Pumpleitung*
⑳ *Stauden*

N

Grundstücksgröße: ca. 400 m²
Maßstab: 1:125

105

Reihenhausgarten

Reihenhausgärten mit ihren begrenzten Ausmaßen sollen auf kleinstem Raum ein Höchstmaß an Gartenfreuden bieten. Daß selbst auf nur 240 m² ein abwechslungsreicher und vielfältig bestückter Garten entstehen kann, zeigt dieses Beispiel.

Aus Platzgründen wurde auf eine Heckeneinfriedung verzichtet. Ein schlichter Holzlattenzaun umgibt das Grundstück. Wer sich mit den Nachbarn gut verträgt, wird auch den Zaun weglassen; einige höhere Stauden und Gräser in den Rabatten reichen dann als Sichtschutz.

Von der Terrasse mit Natursteinbelag hat man uneingeschränkte Sicht auf einen kleinen Teich mit üppiger Uferbepflanzung. Eine Baumgruppe aus Blumenesche *(Fraxinus ornus)* und Hundsrosen *(Rosa canina)* versperrt allerdings die Sicht in den hinteren Gartenteil. Über Trittplatten im Rasen gelangt man in das »hintere Gartenzimmer« mit Pergola und Zweitsitzplatz. Sogar ein kleiner Nutzbereich mit Hügel- und Hochbeeten hat noch Platz.

Durch den gestalterischen Trick mit der Sichtblockade aus Gehölzen erreicht man, daß der Garten einen großräumigen Eindruck erweckt. Nur wer hinter die Baumgruppe geht, kann den hinteren Gartenteil betrachten. Durch das Laub sieht man einzelne Farbtupfer leuchten, das weckt die Neugier. Im Winter bilden dann jedoch die kahl gewordenen Bäume kein Hindernis mehr, sondern lassen alles Licht zum Haus durch.

Von der Terrasse mit Natursteinbelag hat man freie Sicht in den vorderen Gartenteil

① *Wohnhaus*
② *Terrasse mit Natursteinbelag*
③ *Teich*
④ *Uferzone mit Kiesbelag und Staudenbepflanzung*
⑤ *Blumenesche (Fraxinus ornus)*
⑥ *Hundsrosen (Rosa canina)*
⑦ *Rasen*
⑧ *Rabatte mit Stauden und Sommerblumen*
⑨ *Zweitsitzplatz mit berankter Pergola*
⑩ *Hügel- und Hochbeete*
⑪ *Kompostplatz*
⑫ *Schwarzer Holunder (Sambucus nigra)*
⑬ *Eberesche (Sorbus aucuparia)*
⑭ *Falscher Jasmin (Philadelphus-Hybride)*
⑮ *Schattenstauden*
⑯ *Staudenrabatte*

Hügelbeete bieten eine größere Anbaufläche

Grundstücksgröße: ca. 240 m²
Maßstab: 1:125

Naturgarten

Ein Naturgarten oder besser ein naturnah gestalteter Garten bietet möglichst viele verschiedene Lebensräume, vom trockenen Kiesbeet bis zum feuchten Ufer. Pflanzen und Tiere sollen ein Rückzugsgebiet erhalten, sich frei entfalten können. Gleichzeitig soll jedoch der Mensch nicht aus dem Garten »verschwinden«, sondern in einem harmonischen Miteinander mit der Natur ebenfalls zu seinem Recht kommen.

In dem leicht nach Süden abfallenden Gelände wurden mehrere Lebensbereiche nachgestellt, wie sie auch in der näheren Umgebung in freier Natur existieren. Der Terrassenhang wurde mit zwei kleineren Trockenmauern unterteilt, hier finden trockenheits- und wärmeliebende Polsterstauden und Zwerggehölze Platz. Zwischen den Trockenmauern siedeln auf durchlässigem, kargem Boden Steingartenpflanzen. Der trocken-warme Standort setzt sich auf einem kleinen Wall an der Ostseite der Terrasse fort.

Die Gehölzgruppe westlich der Terrasse wurde einem Hainbuchenwäldchen nachempfunden. Unter den Bäumen bilden Bodendecker und Frühlingsblüher einen grünen Teppich. Eine ähnliche Struktur zeigt die Gehölzkulisse im Süden.

Beherrschender Teil des Gartens ist ein großer Wildblumenbereich, teils als Wildkräuterwiese, teils als Staudenwiese gestaltet. Kleine Buschgruppen lockern die Fläche auf. In der ruhigsten Ecke wurde ein großzügig bemessener Folienteich angelegt, der von einer größeren Sumpfzone, einer kleinen Feuchtwiese und einer umfangreichen Uferstaudenpflanzung umgeben ist.

Beerensträucher, Spalierobst, Hoch- und Hügelbeete sowie Gemüsebeete, die natürlich in Mischkultur bepflanzt werden, bilden den Nutzbereich. Eine Kräuterspirale versorgt den Haushalt mit Gewürzen.

Alle Standorte im Garten wurden weitgehend mit heimischen Arten bepflanzt, die an den entsprechenden natürlichen Standorten in der Umgebung vorkommen. Wildarten wurden züchterisch bearbeiteten Formen vorgezogen. Einige Bereiche (Sandhang am Trockenstandort, Holz- und Steinhaufen) bleiben sich selbst überlassen.

Die Blumenwiese darf im Naturgarten selbstverständlich nicht fehlen

① *Wohnhaus*
② *Terrasse*
③ *Trockenmauer mit Polsterstauden und Zwerggehölzen*
④ *Steingartenpflanzen*
⑤ *trockenmauerähnlicher Wall*
⑥ *Steinhang*
⑦ *Sandhang*
⑧ *Gehölzgruppe mit dominierenden Hainbuchen (Carpinus betulus), darunter Schattenstauden*
⑨ *Wildkräuter- und Staudenwiese*
⑩ *Buschgruppe*
⑪ *Wiesenweg*
⑫ *Teich*
⑬ *Sumpfzone*
⑭ *Feuchtwiese*
⑮ *Uferstauden*
⑯ *Gehölzgruppe*
⑰ *Holz- und Steinhaufen*
⑱ *Kompostplatz*
⑲ *Beerensträucher und Spalierobst*
⑳ *Hügelbeet*
㉑ *Hochbeet*
㉒ *Gemüsebeete mit Mischkulturanbau*
㉓ *Kräuterspirale*

Grundstücksgröße: ca. 360 m²
Maßstab: 1:125

Wassergarten

Wasser als Quell des Lebens ist im Garten ein erfrischendes, abwechslungsreiches Gestaltungsmoment. Der ca. 625 m² große Beispielsgarten wurde ganz unter das Motto »Wasser« gestellt.

Das Element Wasser kommt in diesem Garten sowohl als ruhige, spiegelnde Fläche wie auch als sprudelnder, quirliger Bach vor. Bereits unter der Terrasse beginnt ein großer Teich, der weite Teile des Gartens einnimmt. Feuchteliebende und -verträgliche Gehölze wie Traubenkirsche *(Prunus padus)*, Faulbaum *(Rhamnus frangula)* und Schwarzbirke *(Betula nigra)* sowie Pflanzen der feuchten Uferzonen bilden den Hintergrund für den Teich und gleichzeitig die optische Begrenzung des Gartens. Auf der anderen Seite der Terrasse wurde eine durch Untergrundverdichtung entstandene Flachwasserzone mit farbenfroher Bepflanzung angelegt.

Über zwei Trittsteine kommt man von der Terrasse auf die Grünfläche, die ganz nach Wunsch Zierrasen oder Wildkräuterwiese sein kann. Entlang des Baches, der über ein paar Steinstufen plätschert und mit Fließwasserstauden naturnah gestaltet ist, gelangt man zu einer Quelle, die ihr Wasser über eine Pumpe vom Teich bezieht. Den Hintergrund für den Bachlauf bildet ebenfalls eine Gehölzkulisse, dem erhöhten und daher trockeneren Standort angepaßt.

Bewegtes Wasser bietet ein kleiner Bachlauf, der zwischen Steinen dahinplätschert

Der Vorgartenbereich wurde gleichfalls dem Thema des Gartens entsprechend gestaltet, auch hier ist das Wasser dominierend. Am Eingang liegt ein kleiner Teich, den ein Mühlstein mit Sprudler füllt. Auf der anderen Eingangsseite wurde mit Latschen *(Pinus mugo)* und einigen Polsterstauden inmitten eines Kiesbeets ein ausgetrocknetes Flußbett nachgestellt.

Detail im Vorgarten: Mühlstein mit Sprudler

① *Wohnhaus*
② *Terrasse*
③ *großer Teich*
④ *kleine Gruppen mit feuchtigkeitsliebenden Gehölzen*
⑤ *Uferzonenbepflanzung*
⑥ *Flachwasserzone mit Bepflanzung*
⑦ *Rasen oder Blumenwiese*
⑧ *Bachlauf*
⑨ *feuchteliebende Großstauden*
⑩ *mit Weiden bepflanzter Erdwall*
⑪ *Quelle*
⑫ *Kiesbeet mit Latschen und Polsterstauden*
⑬ *Eingang*
⑭ *kleiner Teich, daneben Mühlstein mit Sprudler*

Grundstücksgröße: ca. 625 m²
Maßstab: 1:150

Bauerngarten

Bauerngärten erleben von Zeit zu Zeit eine Renaissance. Mit ihrem besonderen Reiz, der aus der charakteristischen Gestaltung resultiert, und mit ihrer überquellenden Pflanzenpracht sind sie auch für Stadtmenschen nachahmenswert. Dennoch sollte der klassische Bauerngarten auch »dem Bauern« vorbehalten bleiben, das heißt, nur in ländlicher Gegend angelegt werden.

Unser Bauerngarten ist getreu dem Vorbild überlieferter Tradition gestaltet. Die rechteckige Fläche wird von zwei sich kreuzenden Wegen aufgeteilt. Inmitten der Wegkreuzung steht eine besonders prächtige Rose *(Rosa x damascena)*. Die Buchseinfassung der Beete und die symmetrische Verteilung einzelner Prachtstauden (hier Pfingstrosen, *Paeonia officinalis)*, wurden ebenso vom traditionellen Bauerngarten übernommen wie die schlichten Kieswege. Als neues, »moderneres« Element wurde der Sitzplatz in die Gestaltung eingebracht.

Das Bauernhaus ist von Kletterpflanzen begrünt, Kübel mit verschiedenen mediterranen Arten schmücken Hauseingang und Sitzplatz. Gegenüber dem Sitzplatz wurde ein rustikaler Natursteinbrunnen aufgestellt.

Die Grenze zum anschließenden Nutzbereich bildet eine Beerenstrauchhecke, der Durchgang wird von einem Rosenbogen umrankt. Der Nutzbereich teilt sich auf in eine Streuobstwiese auf der einen und Beetanlagen auf der anderen Seite. Aber auch hier gilt das Bauerngartenprinzip, Nützliches mit Schönem zu verbinden. Heilpflanzen, Gewürzkräuter, Sommerblumen und Stauden wachsen einträchtig neben- und miteinander, zwischen Gemüse und Zierpflanzen ist keine scharfe Trennung gezogen.

Klassischer Bauerngarten als Vorbild: klare Gliederung, Beeteinfassung mit Buchs, Rondell an der Wegkreuzung, symmetrische Anordnung markanter Gestaltungselemente

① *Wohnhaus, berankt mit Kletterpflanzen*
② *Kiesweg*
③ *Damaszenerrose (Rosa x damascena)*
④ *Beet mit Sommerblumen und Stauden, mit Buchs eingefaßt, Pfingstrosen als Blickfang*
⑤ *Sitzplatz*
⑥ *Kübelpflanzen*
⑦ *Natursteinbrunnen*
⑧ *Beerenstrauchhecke*
⑨ *Rosenbogen*
⑩ *Streuobstwiese*
⑪ *Gemüsebeete*
⑫ *Hochbeete*
⑬ *Frühbeet*
⑭ *Kräuterbeet*
⑮ *Beet mit Stauden und Heilpflanzen*
⑯ *Wege mit Rindenmulch*
⑰ *Kompostplatz*
⑱ *Gehölzgruppe*
⑲ *berankte Pergola*

Grundstücksgröße: ca. 400 m²
Maßstab: 1:125

Rosengarten

Für einen ausgesprochenen Liebhaber der »Königin der Blumen« wurde dieser Garten konzipiert. Auf nur geringer Grundfläche erscheint die Rose in allen Bereichen, in denen sie im Garten einzusetzen ist. Begleitet von Gehölzen und Stauden, die die Wirkung der edlen Blüten unterstreichen und die sonst sparrig-unschönen Sträucher behutsam verstecken, entfalten Rosen in vielen Formen ihren Charme. Achten Sie bei der Kombination verschiedener Rosensorten unbedingt auf die Farben. Rote Rosen »beißen« sich meist mit rosafarbenen, wenn sie direkt daneben gepflanzt werden. Besondere Vorsicht ist auch bei zweifarbigen Sorten geboten. Wählen Sie im Zweifelsfall lieber neutrale Farben wie Weiß oder Gelb und setzen Sie Pflanzen mit ausgleichenden Tönen wie Blattstauden und Gräser dazwischen. In diesem Garten dürfen Rosen ihre Vielseitigkeit unter Beweis stellen: Kletterrosen umranken die für den Rosengarten klassische Laube und den einladenden Rosenbogen im Vorgarten; Strauchrosen dürfen ungestört zu üppigen Büschen her-

Robuste Kletterrose: 'Paul's Scarlet Climber'

anwachsen und sich im Rasen frei entfalten. Den Rahmen für die Terrasse bilden Beetrosen im Verein mit passenden Begleitstauden. Mit Wildrosen und robusten Strauchrosen wächst eine Dornröschenhecke um das Grundstück. Bodendeckerrosen begrünen die kahlen Flächen auf der Westseite des Hauses, Zwergrosen setzen Farbakzente in Kästen und Kübeln auf der Terrasse. Die strukturbildende Bepflanzung mit Gehölzen und Grünflächen soll so schlicht wie möglich bleiben, um nicht mit den Rosen zu konkurrieren. Frisches, neutrales Grün bildet Hintergrund und Untergrund. Nur im Frühling dürfen einige Gehölze, wie die Zierkirsche *(Prunus serrulata)*, Blüten zeigen, sozusagen »außer Konkurrenz«.

① *Wohnhaus*
② *Terrasse*
③ *Garage*
④ *Kiesbeet mit Zwergrosen und anderen Zwergsträuchern*
⑤ *Eingang mit Rosenbogen*
⑥ *Zufahrt*
⑦ *Buchenhecke*
⑧ *Kompostplatz*
⑨ *Geräteschuppen*
⑩ *Strauchrosen*
⑪ *Beetrosen und Begleitstauden*
⑫ *Zierkirsche (Prunus serrulata)*
⑬ *Rasen*
⑭ *gepflasterter Weg*
⑮ *Laube, berankt mit Kletterrosen*
⑯ *freiwachsende Wildrosenhecke*
⑰ *Bodendeckerrosen*

Mit ihrer Farben- und Formenvielfalt sind Rosen fast überall einsetzbar und können allein einen Garten gestalterisch »tragen«

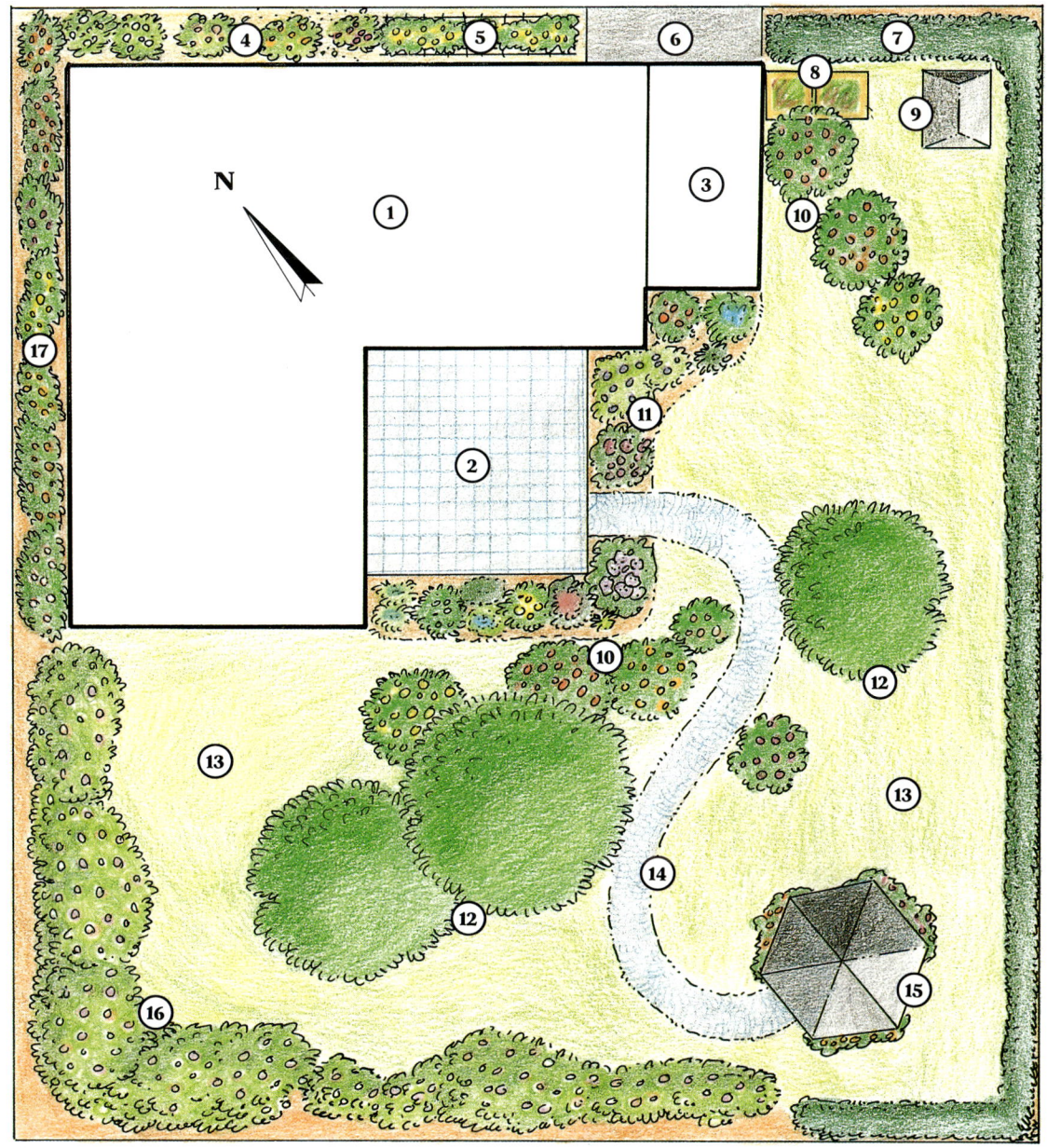

Grundstücksgröße: ca. 360 m²
Maßstab: 1:125

Weißer Garten

Ein durchgehend in einer Farbe gehaltener Garten ist keineswegs so langweilig, wie man sich das vorstellt. Hier ein Beispiel eines »weißen Gartens«, in dem Weiß neben Grün vorherrscht. Das Thema wurde gewählt für einen kleinen, nur knapp über 200 m² messenden Garten in einer Stadtsiedlung. Umgeben von Häusern, fällt nur wenig Licht ein, das Weiß sorgt für größtmögliche Helligkeit und läßt den kleinen Garten größer erscheinen.

Statt durch Farbkontraste lebt dieser Garten durch reizvolle Unterschiede und Gegensätze in Helligkeit und Formen. Ein gepflegter Zierrasen bildet die »Grundierung« des Gartens, eine Schnitthecke den Hintergrund. Ein mehrfach abgewinkelter Weg führt von der Terrasse zu einem hinter Büschen versteckten Zweitsitzplatz, der von einem weißblühenden Zierapfel *(Malus prunifolia)* beschirmt wird. Hier kann man sich auf ein besonders ruhiges, von drei Seiten umfriedetes und bis spätabends warmes Plätzchen zurückziehen.

Im Frühjahr hüllt der Zierapfel (Malus prunifolia) seine Umgebung in leuchtendes Weiß, im Herbst schmückt er sich mit roten Früchten

Vor weißen Flechtlamellenzäunen ziehen sich Rabatten an den Grundstücksgrenzen entlang. Weiße Rosen, weißblühende Stauden und Blattschmuckstauden sowie Grashorste werden zu Pflanzgruppen von kühler, distanzierter Eleganz zusammengestellt. Zusätzlich aufgestellte Pflanzcontainer aus weißem Holz erweitern die Bepflanzungs- und Gestaltungsmöglichkeiten am Weg und auf der Terrasse. Blickfang im vorderen Gartenteil ist eine im Frühling mit Blüten überschüttete Baummagnolie *(Magnolia kobus)*.

Staudenkomposition – ganz in Weiß

① *Wohnhaus*
② *Terrasse*
③ *Kübelpflanzen*
④ *bepflanzte Container*
⑤ *Rasen*
⑥ *Ligusterhecke*
⑦ *Zweitsitzplatz*
⑧ *Zierapfel (Malus prunifolia)*
⑨ *Gehölzgruppe (Sträucher)*
⑩ *Rabatte mit Stauden und Rosen vor
   Flechtlamellenzaun*
⑪ *Baummagnolie (Magnolia kobus)*
⑫ *Hartriegel (Cornus alba 'Argenteomarginata')*
⑬ *Flieder (Syringa)*
⑭ *Falscher Jasmin (Philadelphus)*
⑮ *Rankgerüst*

Grundstücksgröße: ca. 200 m²
Maßstab: 1:125

Heidegarten

Unter Verwendung der vielen Arten der Heidegewächse kann man einen Garten von herber Schönheit und mit eigenwilligem Charme gestalten. Bei geschickter Kombination von Glocken-, Besen-, Cornwall-, Winterheiden und anderen Heidearten mit Gräsern, Gehölzen und hübschen Stauden entsteht auf sandig-saurem, durchlässigem und kargem Boden eine äußerst interessante Gartenlandschaft. Allerdings sollte solch ein Garten auch zur Landschaft der Umgebung passen.

In unserem Beispiel führt ein verschlungener Rindenmulchweg durch die verschiedenen Gartenbereiche: Besenheideflächen mit Wacholdersäulen und Ginsterbüschen wechseln mit Beständen von Glockenheide und Sumpfschwertlilie auf Moorboden, Schneeheide bildet einen bunten Teppich unter Wacholderbüschen. Ein kleiner Moortümpel bringt zusätzliche Abwechslung in die Heidelandschaft vor der Haustür und bietet einigen Tieren zusätzlichen Lebensraum.

Auf dichte Hecken wurde ebenso verzichtet wie auf hochwüchsige Bäume. Statt dessen umfriedet eine lockere Gehölzpflanzung das Grundstück. Geeignete Sträucher hierfür sind zum Beispiel Rhododendren, Lorbeerrose *(Kalmia)*, Prachtglocke *(Enkianthus)* oder Schneebeere *(Symphoricarpos)*. Das Gartenniveau wechselt häufig, die Terrasse liegt am höchsten, der Moortümpel am niedrigsten Punkt. Rasenflächen lockern auf und unterstützen die Leuchtkraft der Heidebeete.

Auch der Vorgartenbereich wurde mit Heide gestaltet, allerdings hier mehr unter einem alpinen Aspekt. Findlinge und Kiesel bilden den Bodenbelag, dazwischen wachsen Zwergsträucher und Heidearten.

① *Wohnhaus*
② *Terrasse*
③ *gemauertes Hochbeet*
④ *Rasen*
⑤ *Rindenmulchweg*
⑥ *Gehölze in lockerer Pflanzung*
⑦ *Heidebeet*
⑧ *Moortümpel*
⑨ *Moorbeet*

Kleine Heidelandschaft mit verschiedenen Heidearten, Bärenfellschwingel und Rhododendron

Grundstücksgröße: ca. 600 m²
Maßstab: 1:150

Vorgärten

Die nachfolgenden Beispiele zeigen, welch vielseitige Gestaltung auch auf den sehr begrenzten Flächen von Vorgärten möglich ist.

Bei Beispiel **1** handelt es sich um einen zur Straße geschlossenen Vorgarten in halbschattiger bis sonniger Lage, der von strauchigen Bodendeckern sowie zwischengepflanzten Grashorsten und Stauden geprägt wird (Bepflanzung mit *Deutzia gracilis, Prunus laurocerasus* 'Otto Luyken', *Luzula sylvatica, Coreopsis verticillata*). Direkt neben dem Eingangsbereich steht ein großer Mühlstein, von dem Wasser in ein Sumpfbeet rinnt. Eine niedrige Natursteinmauer mit aufgesetztem Lattenzaun umfriedet den Vorgarten.

Beispiel **2** zeigt einen zur Straße offenen, dadurch sehr großzügig wirkenden Vorgarten, dessen relativ große Rasenfläche noch zur optischen Weite beiträgt. Akzente setzen Pflanzinseln – Strauchrosen und Floribundarosen, begleitet von Lavendel, Katzenminze und Veronika.

Vorgarten **3** liegt im Halbschatten bis Schatten, ist zur Straße offen und bietet mit seinen Rhododendren vor allem vom Frühling bis Frühsommer ein beeindruckendes Bild. Der Eingangsbereich führt nicht direkt und gerade zur Haustür, sondern verläuft etwas versetzt; dadurch werden allzu neugierige Blicke abgehalten.

Abschirmend, aber nicht abweisend: schlichter Holzzaun als Vorgartenbegrenzung

Vorgarten **4** ist eine zur Straße geschlossene Anlage im Halbschatten. Eine dichte Buchenhecke hält Lärm und Blicke ab. Der Eingangsbereich wird von der schönen kugeligen Krone eines Ahorns überdacht, einige Solitärgräser und Bodendecker *(Geranium endressii)* füllen die Fläche zwischen Hecke und Haus.

*Beispiel **1**:* ① *Eingang*
   ② *Bodendecker, Gräser und Stauden*
   ③ *Mühlstein*
   ④ *Sumpfbeet*
*Beispiel **2**:* ① *Eingang*
   ② *Strauchrosen mit Begleitstauden*
   ③ *Polyantha- oder Floribundarosen mit*
      Begleitstauden
   ④ *Rasen*
*Beispiel **3**:* ① *Eingang*
   ② *Rhododendren, unterpflanzt mit*
      Schattenstauden
*Beispiel **4**:* ① *Eingang*
   ② *Buchenhecke*
   ③ *Ahorn*
   ④ *Bodendeckerstauden*
   ⑤ *Solitärgräser*

Offener Vorgarten mit Bambus als Blickfang

*Beispiel **1** (Sonne, Halbschatten)*

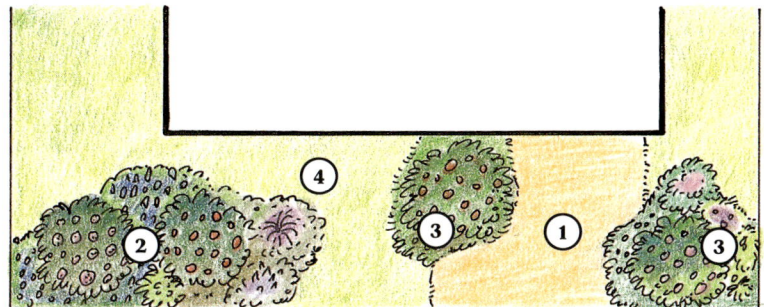

*Beispiel **2** (Sonne)*

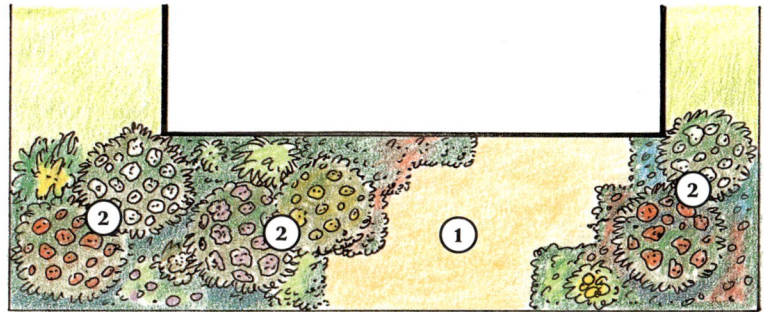

*Beispiel **3** (Schatten, Halbschatten)*

*Beispiel **4** (Halbschatten)*

121

Register

Gartenplanspiel

Anschaulich und realitätsnah planen

Auf den letzten Seiten dieses Buches finden Sie eine Planhilfe, die in dieser Form bisher einzigartig ist: Noch lange vor den ersten Schritten der Umsetzung des Plans erhalten Sie eine räumliche Vorstellung von Ihrem zukünftigen Garten. Das dreidimensionale Planspiel kann und soll jedoch den gezeichneten Gartenplan nicht ersetzen, sondern diesen in all seinen Stadien begleiten – von der ersten Skizze mit den Anforderungen und Wünschen bis hin zum fertigen, ausgereiften Plan. Die dreidimensionale Veranschaulichung dessen, was vorgesehen ist, fördert aber nicht nur Vorstellungskraft und Vorfreude. Sie kann vielmehr auch dazu führen, daß die Planzeichnung korrigiert und verbessert wird. Denn bei räumlicher Darstellung erweist sich manches als unvorteilhaft, was bei Planung in der Fläche ganz gut aussah.

Planspiel »in Aktion«: Modell eines großen Gartens, unter anderem mit Laube, Sitzplatz, Hügelbeet

Maßstab, Planbogen, Vorarbeiten

Das Planspiel wurde aus technischen Gründen im **Maßstab 1 : 75** angelegt. Dies heißt jedoch nicht, daß Sie auch Ihren Gartenplan entsprechend zeichnen müssen. Mit Hilfe der Umrechnungstabellen auf Seite 125/126 ist eine Umsetzung in die geläufigeren Maßstäbe 1 : 100 oder 1 : 50 recht einfach zu realisieren. Es empfiehlt sich, die Tabelle auszuschneiden, um sie so ständig zur Hand zu haben und neben den Plan legen zu können.

Bestandteile des Planspiels sind ein großer Planbogen und Gestaltungselemente zum Ausschneiden – von Bäumen verschiedener Größe über Pergola und Gewächshaus bis hin zu Bodenbelägen. Obwohl das Planspiel grundsätzlich auf eine dreidimensionale Darstellung hin konzipiert ist, gibt es eine Einschränkung: Hanglagen, Terrassierungen und ausgeprägte Bodenunebenheiten können nicht nachgestellt, sondern lediglich durch spezielle Vermerke auf dem Planbogen festgehalten werden.

Ergänzend zum Bogen und zu den Elementen brauchen Sie lediglich noch Bleistift und Radiergummi, eine Schere, gegebenenfalls Teppichmesser oder Cutter (Papierschneidemesser) und einen elastischen Montagekleber, den man in Geschäften mit Grafik- oder Bastelbedarf oder auch Schreibwarenläden erhält. Der Vorteil eines solchen Klebers besteht darin, daß sich damit zusammengefügte Teile leicht wieder voneinander lösen lassen, wenn nur eine Klebefläche bestrichen wurde.

Der sechsseitige **Planbogen**, dessen Faltkanten man nach dem Ausbreiten etwas glätten sollte, entspricht einer Grundstücksfläche von mehr als 1200 m². Der Großteil der Gartenbesitzer, der sich mit weniger Fläche begnügen muß, hat beim Planspiel einen Vorteil: Es können mehrere Entwürfe kleinerer Gärten nebeneinander entwickelt und direkt verglichen werden.

Der Planbogen ist mit einem **Punktraster** versehen, das beim maßstabsgerechten Arbeiten hilft. Der Abstand von Punkt zu Punkt beträgt 1,3 cm und entspricht 1 m in Wirklichkeit, ein Punktquadrat entspricht also 1 m² (siehe auch Umrechnungstabelle). Gleichzeitig stellt der Bogen die Grünfläche, also Rasen oder Wiese dar.

Zunächst zeichnet man mit dem Bleistift den Umriß des Grundstücks, das Haus, sonstige vorhandene Baulichkeiten sowie bestehende Pflanzungen (zum Beispiel Bäume) maßstabsgerecht ein und hält durch Eintragen des Nordpfeils die Lage zu den Himmelsrichtungen fest. Man geht also vor, wie in den Ausführungen zum Lageplan und zur Dreiecksmessung auf S. 17 beschrieben. Mit einem geeigneten Kopiergerät kann man sich das Umrechnen eines im Maßstab 1:100 angelegten Lage- oder Grundstücksplans ersparen: Eine Kopie mit 133% Vergrößerung ergibt einen Plan im Maßstab des Planspiels, dessen Details sich einfach auf den Bogen übertragen lassen. Den Grundriß des Hauses kann man dann auch ausschneiden und mit Hilfe des Punktrasters plazieren.

Die Gestaltungselemente

Hinweise zur Verwendung und zum Vorgehen

Die Reihenfolge der Gestaltungselemente auf den nachfolgenden Bögen entspricht in etwa dem Vorgehen bei der Planung. Beim Aufsetzen der Elemente wird es sich jedoch teils als sinnvoll erweisen, nicht gemäß dieser Abfolge vorzugehen, sondern beispielsweise Bodenbeläge zuerst auf dem Plan auszulegen.

Angesichts der Fülle verschiedener Pflanzen und der Vielzahl gestalterischer Möglichkeiten läßt sich mit den angebotenen Gestaltungselementen natürlich nicht jeder Gartenwunsch bis ins Detail umsetzen. Die Elemente wurden bewußt einfach gehalten – welche Gehölze oder Stauden im einzelnen in Frage kommen, kann man in den jeweiligen Kapiteln nachlesen. Ideenreiche Bastler werden zudem Möglichkeiten finden, die Zahl der angebotenen Bäume usw. bei Bedarf zu vergrößern – zum Beispiel durch Kopieren oder Abpausen auf Papier ähnlicher Stärke. Wer gerne tüftelt, kann sich sogar an einem dreidimensionalen Modell seines Hauses versuchen; Baulichkeiten im Planspiel wie Gewächshaus **(52)** oder Geräteschuppen **(60)** können dabei als Anregung dienen.

Tabelle zum Umrechnen realer Strecken und Größen in Planmaßstäbe			
in Wirklichkeit	im Planspiel 1:75	in Plan 1:100	in Plan 1:50
1 m	1,3 cm	1 cm	2 cm
2 m	2,7 cm	2 cm	4 cm
3 m	4,0 cm	3 cm	6 cm
4 m	5,3 cm	4 cm	8 cm
5 m	6,7 cm	5 cm	10 cm
6 m	8,0 cm	6 cm	12 cm
7 m	9,3 cm	7 cm	14 cm
8 m	10,7 cm	8 cm	16 cm
9 m	12,0 cm	9 cm	18 cm
10 m	13,3 cm	10 cm	20 cm
11 m	14,7 cm	11 cm	22 cm
12 m	16,0 cm	12 cm	24 cm
13 m	17,3 cm	13 cm	26 cm
14 m	18,7 cm	14 cm	28 cm
15 m	20,0 cm	15 cm	30 cm
16 m	21,3 cm	16 cm	32 cm
17 m	22,7 cm	17 cm	34 cm
18 m	24,0 cm	18 cm	36 cm
19 m	25,3 cm	19 cm	38 cm
20 m	26,7 cm	20 cm	40 cm

Bitte beachten Sie grundsätzlich:

→ Die einzelnen Elemente sind numeriert; die Nummern verweisen auf die Erläuterungen und detaillierten Basteltips im Anschluß an dieses Kapitel.

→ Die Seiten mit den benötigten Elementen werden entlang den fetten Schnittlinien nahe am Bund herausgetrennt.

→ Gewünschte Objekte schneidet man entlang den fetten Umrißlinien heraus. Dabei ist es ratsam, zunächst nur die wichtigsten und auch bestimmt benötigten Elemente auszuwählen.

Tabelle zum Umrechnen von Strecken und Größen im Planspiel – in Wirklichkeit – in andere Planmaßstäbe			
im Planspiel 1:75	in Wirklichkeit	in Plan 1:100	in Plan 1:50
1 cm	0,75 m	0,75 cm	1,5 cm
2 cm	1,50 m	1,50 cm	3,0 cm
3 cm	2,25 m	2,25 cm	4,5 cm
4 cm	3,00 m	3,00 cm	6,0 cm
5 cm	3,75 m	3,75 cm	7,5 cm
6 cm	4,50 m	4,50 cm	9,0 cm
7 cm	5,25 m	5,25 cm	10,5 cm
8 cm	6,00 m	6,00 cm	12,0 cm
9 cm	6,75 m	6,75 cm	13,5 cm
10 cm	7,50 m	7,50 cm	15,0 cm
11 cm	8,25 m	8,25 cm	16,5 cm
12 cm	9,00 m	9,00 cm	18,0 cm
13 cm	9,75 m	9,75 cm	19,5 cm
14 cm	10,50 m	10,50 cm	21,0 cm
15 cm	11,25 m	11,25 cm	22,5 cm
16 cm	12,00 m	12,00 cm	24,0 cm
17 cm	12,75 m	12,75 cm	25,5 cm
18 cm	13,50 m	13,50 cm	27,0 cm
19 cm	14,25 m	14,25 cm	28,5 cm
20 cm	15,00 m	15,00 cm	30,0 cm

→ Starke (fette) Linien sind **Schnittkanten**; sie kennzeichnen einmal die Umrisse, zum andern, wo Einschnitte nötig sind, beispielsweise um die Teile eines Baumes zusammenzustecken.

→ Mittelstarke durchgezogene Linien sind **Faltkanten**, die nach **hinten** geknickt werden.

→ Mittelstarke unterbrochene (gestrichelte) Linien sind ebenfalls **Faltkanten**, die nach **vorn** geknickt werden.

→ Um ein exaktes Falten zu erleichtern, ritzt man die Faltkanten zuvor mit Teppichmesser oder Cutter entlang einem Lineal an.

→ Dreidimensionale Elemente werden teilweise nur zusammengesteckt (zum Beispiel Bäume), zum Teil auch an den weißen Klebelaschen zusammengeklebt.

→ Ungeübten Bastlern empfehlen wir, zuerst mit ganz einfachen Objekten zu beginnen, zum Beispiel mit den mittelgroßen Nadelbäumen (**15** bis **18**) oder mit einem Kompostbehälter (**56**). Das Prinzip wird dann schnell klar.

→ Zur Erhöhung der Standfestigkeit können die Elemente punktartig auf dem Planbogen fixiert werden. Dazu ist ein sogenannter elastischer Montagekleber zu verwenden, damit die Objekte wieder gelöst und verrückt werden können.

→ Zweidimensionale Elemente, wie Boden- und Wegbeläge, sind wie der Planbogen selbst mit einem Punktraster versehen, um ein maßstabsgerechtes »Verlegen« zu erleichtern. Diese Seiten (zum Beispiel Bodenbelag I, Nr. **49**) trennt man zunächst ganz heraus, zeichnet dann mit Bleistift die benötigten Ausmaße und Formen je nach Bedarf ein, um sie schließlich auszuschneiden und entsprechend zu plazieren.

Erläuterungen und Basteltips

Alle Bäume und Sträucher sowie die Solitärgräser (**1** bis **8**, **10** bis **34**) werden nach demselben Prinzip gebastelt. Sie bestehen jeweils aus den Teilen **a** und **b**. Teil **a** wird gemäß der fetten Linie von unten her eingeschnitten, Teil **b** sowohl von oben als auch am Fuß. Dann schiebt man **a** in **b** ein und knickt nach Anritzen die beiden Seiten des Fußes gemäß der Art der Faltkante (gestrichelt oder durchgezogen) nach vorn bzw. nach hinten. Die bedruckten Viertelkreise sind dann sichtbar, die weißen ergeben zusammen eine runde Standfläche. Zur Erhöhung der Standfestigkeit sind mehrere Objekte zusätzlich mit einem Teil **c** ausgestattet; dieser dient zum Aufkleben des Fußes.

1 bis **4** kleinere Laubbäume, 5–6 m Wuchshöhe; auch als Obstbäume einsetzbar

5 und **6** mittelgroße Laubbäume, 7–10 m Wuchshöhe; auch als Obstbäume einsetzbar

7 kleiner, schlanker Laubbaum, bis 5 m Wuchshöhe

8 großer Laubbaum, bis 15 m Wuchshöhe

9 Brunnen

→ Nach dem Ausschneiden dicke Linien innen einschneiden (Teppichmesser, Cutter); danach

Faltkanten anritzen und Seitenwände nach unten knicken, gleichzeitig stellt sich die Pumpsäule des Brunnens auf; Seitenwände zusammenkleben und Rohr in der Mitte der Säule herausklappen.

10 mittelgroßer Nadelbaum, 5–10 m Wuchshöhe

11 bis **14** kleine Nadelbäume, 2–5 m Wuchshöhe

15 bis **18** mittelgroße Nadelbäume, 5–10 m Wuchshöhe

19 großer Nadelbaum, bis 15 m Wuchshöhe

20 bis **24** kleine Nadelbäume, 2–5 m Wuchshöhe

25 bis **28** Laubsträucher, 2–3 m Wuchshöhe

29 bis **31** große Solitärgräser

32 bis **34** Laubsträucher, 1–2 m Wuchshöhe

35 und **36** Wasserpflanzen zur »Belebung« des Teiches

➡ Entlang den Umrißlinien ausschneiden, nach Festlegen von Teichgröße und -form **(46)** nach Bedarf in kleine Gruppen zerschneiden und auf Wasserfläche verteilen.

37 Polsterstauden in verschiedenen Blütenfarben; auch als niedrige Sommerblumen einsetzbar

➡ Gewünschte Größe und Form mit Bleistift skizzieren und ausschneiden.

38 niedrige Schnitthecke

➡ Entlang den Umrißlinien ausschneiden und in benötigter Länge aneinanderkleben; Standflächen an dicken Linien einschneiden und abwechselnd nach vorn und hinten falten. Wo die Hecke einen Knick macht, ist ein zusätzlicher Schnitt in die Standfläche nötig, bei bogenförmigem Verlauf bringt man in der Standfläche mehrere Schnitte kurz hintereinander an.

39 freiwachsende Hecke bzw. große Schnitthecke

➡ Längsteile **(39 b)** in der benötigten Länge ausschneiden und aneinanderkleben; von unten her einschneiden (fette Linien), dann Standflächen abwechselnd nach vorn und hinten knicken; bei vorgesehenem Knick oder Bogen im Verlauf der Hecke wie bei **38** vorgehen. Querteile **(39 a)** in der benötigten Zahl ausschneiden, von oben her einschneiden und in Längsteile einschieben. Variationsmöglichkeiten: Zur Darstellung einer streng formierten Schnitthecke können die Längsteile **(39 b)** oben gestutzt werden, und zwar an den Linien, die in der Blattstruktur angedeutet sind. Auf gleiche Weise sind in den Querteilen **(39 a)**

Linien für einen möglichen Beschnitt angedeutet: Je nach Wahl erhält man so einen rechteckigen, trapezförmigen oder runden Heckenquerschnitt.

40 Bodendecker

➡ Je nach benötigter Größe entsprechende Fläche(n) ausschneiden. Dabei empfiehlt es sich, den Umriß etwas wellenförmig zu schneiden, wie es die äußere Schnittlinie zeigt. Wenn man die so entstehenden Ausbuchtungen abwechselnd leicht nach oben und unten biegt, erhält man einen plastischeren Eindruck. Dieser läßt sich noch fördern, indem man die Konturen der Blätter innerhalb der Fläche mit einem Teppichmesser anritzt und ebenfalls leicht nach oben biegt.

41 hohe Stauden, bis 1,50 m Wuchshöhe

42 und **43** mittelhohe Stauden, bis 1 m Wuchshöhe

44 und **45** niedrige Stauden, bis 0,5 m Wuchshöhe

➡ Die einzelnen Staudenreihen als Streifen ausschneiden, in der Mitte knicken und ganz zusammenfalten; an der Faltkante kleine, unregelmäßige Einschnitte vornehmen, wie durch die dick umrandeten kleinen Formen vorgegeben; von den Streifen Stücke nach Bedarf abschneiden; die unteren Enden soweit auseinanderziehen, bis die Standfestigkeit gegeben ist, und aufstellen.

46 Wasserfläche, verwendbar für Teich und Bachlauf

➡ Eigentliche Wasserfläche **(46 a)** ausschneiden; die Umrisse auf der Rückseite **(46 b)** lassen die Wahl zwischen verschiedenen Teichgrößen und -formen, wie sie zum Beispiel auch als Fertigteiche erhältlich sind. Wer andere Vorstellungen von der Größe und Form seines Teiches hat, kann diese auf der Fläche **46 a** beliebig skizzieren und ausschneiden. Ebenso kann ein Bach in beliebiger Breite und im gewünschten Verlauf eingezeichnet werden; große Bäche erhält man durch Aneinanderkleben der ausgeschnittenen Streifen.

47 Gemüsebeete, Kräuterbeete, Kräuterecken

➡ Gesamtfläche ausschneiden, Beete in vorgesehener Form und Größe einzeichnen und ausschneiden.

48 Natursteine für Bodenbeläge, Wege und Steingarten (Rückseite von **47**)

➡ Benötigte Fläche, zum Beispiel für den Terrassenbelag, einzeichnen und ausschneiden. Bei Verwendung als Teichumrandung vorgesehene Teichfläche **(46)** auf Steinfläche **(48)** legen, Umriß mit etwas Abstand parallel zum Teichumriß einzeichnen, ausschneiden, Teichfläche leicht ankleben.

Zur Darstellung des Steingartens kleinere Flächen ausschneiden und mit Polsterstauden **(37)** kombinieren. Mit etwas Phantasie und Geschick läßt sich durch Knicken ein plastisch wirkender Steingarten oder eine Trockenmauer darstellen; dazu ähnliche Formen wie Stauden **(41** bis **45)** oder Hügelbeet **(53)** als Vorbild nehmen, vor dem Ausschneiden gegebenenfalls Faltkanten oder Klebelaschen markieren.

39 Bodenbelag I: helle Fläche zur Darstellung von Sand-, Kies-, Holzbelag und hellen Natursteinen für Wege, Sitzplatz, Terrasse

➡ Gewünschte Fläche einzeichnen bzw. Wege in ihrer Breite und ihrem Verlauf markieren und ausschneiden; bei längeren Wegen Streifen zusammenkleben.

50 Bodenbelag II: Beton- und Steinpflaster für Wege, Sitzplatz, Terrasse, Zufahrt usw. (Rückseite von **49**)

➡ wie **49**

51 Frühbeet

➡ Nach Anritzen sämtlicher Faltkanten knicken; Glasdeckel an die Klebelaschen der Seitenwände kleben, dann Vorderkante (oberhalb der Glasfläche) herunterklappen und an den kleinen Klebelaschen der Seitenwände befestigen.

52 Gewächshaus

➡ Zunächst Seitenwände knicken und zusammenkleben, dann Dach herunterklappen und die Klebelasche an der Innenseite der Vorderwand befestigen.

53 Hügelbeet

➡ Da das Beet insgesamt mehr als 10 m lang ist, kann es je nach Bedarf in mehrere kürzere Beete unterteilt werden. Nach dem Zurechtschneiden in der gewünschten Länge Klebelaschen knicken; Beetfläche über einer Tischkante runden, dann schmale Klebelasche auf die breitere aufkleben.

54 Hochbeete

➡ Seitenwände **(54 a)** zusammenkleben, dann bepflanzte Flächen **(54 b)** aufkleben.

55 Stühle

➡ Die zwei gelben und zwei roten Stühle jeweils als Streifen ausschneiden, entsprechend der Art der Linien (durchgezogen, unterbrochen) knicken; die weiße Fläche ergibt dann die Standfläche zum Aufkleben, die graue steht senkrecht und entspricht den Stuhlbeinen. Es folgen die waagerechte Sitzfläche und die senkrecht stehende Lehne.

56 Kompost (vier Kompostbehälter)

➡ Kompostbehälter in gewünschter Menge ausschneiden und an den Klebelaschen zu quadratischen Kästen zusammenkleben. Mehrere Kästen können zu einer Kompostanlage zusammengestellt werden.

57 Pergola bzw. Rankgerüst

➡ Bei Verwendung als Rankgerüst von Bauteil **57a** Hälfte oberhalb der durchgezogenen Mittellinie abschneiden; ansonsten wird diese Hälfte geknickt und bildet das Dach der Pergola. Rankgerüst bzw. Pergola in der benötigten Länge zuschneiden; Klebelasche wie markiert einschneiden und abwechselnd nach vorn und hinten knicken, dann auf Planbogen festkleben. Bei Bedarf Stützpfosten **(57 b)** auseinanderschneiden und an Vorderseite des Pergoladachs kleben.

58 Rosenbogen

➡ Es empfiehlt sich, den bedruckten Mittelteil über eine Tischkante zu ziehen oder um einen runden Gegenstand zu rollen, um eine schöne Rundung zu erhalten. Dann schmale Klebelasche an die breite Standfläche kleben.

59 Laube

➡ Alle Faltkanten vorritzen und knicken; Dach zusammenkleben, anschließend die einzelnen Seitenwände nacheinander am Dach befestigen; zuletzt die beiden äußeren Längsseiten der Seitenwände mittels Klebelasche zusammenfügen.

60 Geräteschuppen

➡ Bauweise wie **52** (Gewächshaus)

61 Tisch

➡ Entsprechend den Faltkanten knicken; durch die verschieden bedruckte Vor- und Rückseite kann man zwischen einer runden und einer quadratischen Tischfläche wählen; die Standfläche ist dann jeweils grau, die Tischfläche weiß.

62 Zaun (Höhe 1,50 m)

➡ Zaun je nach Bedarf zuschneiden und zusammenkleben; auch die Höhe läßt sich durch Beschneiden variieren. Für das weitere Vorgehen gelten die Hinweise bei **38** (Schnitthecke).

kleinere Laubbäume

8 c

8 a

8 b

9

kleine und mittelgroße Nadelbäume

mittelgroße Nadelbäume

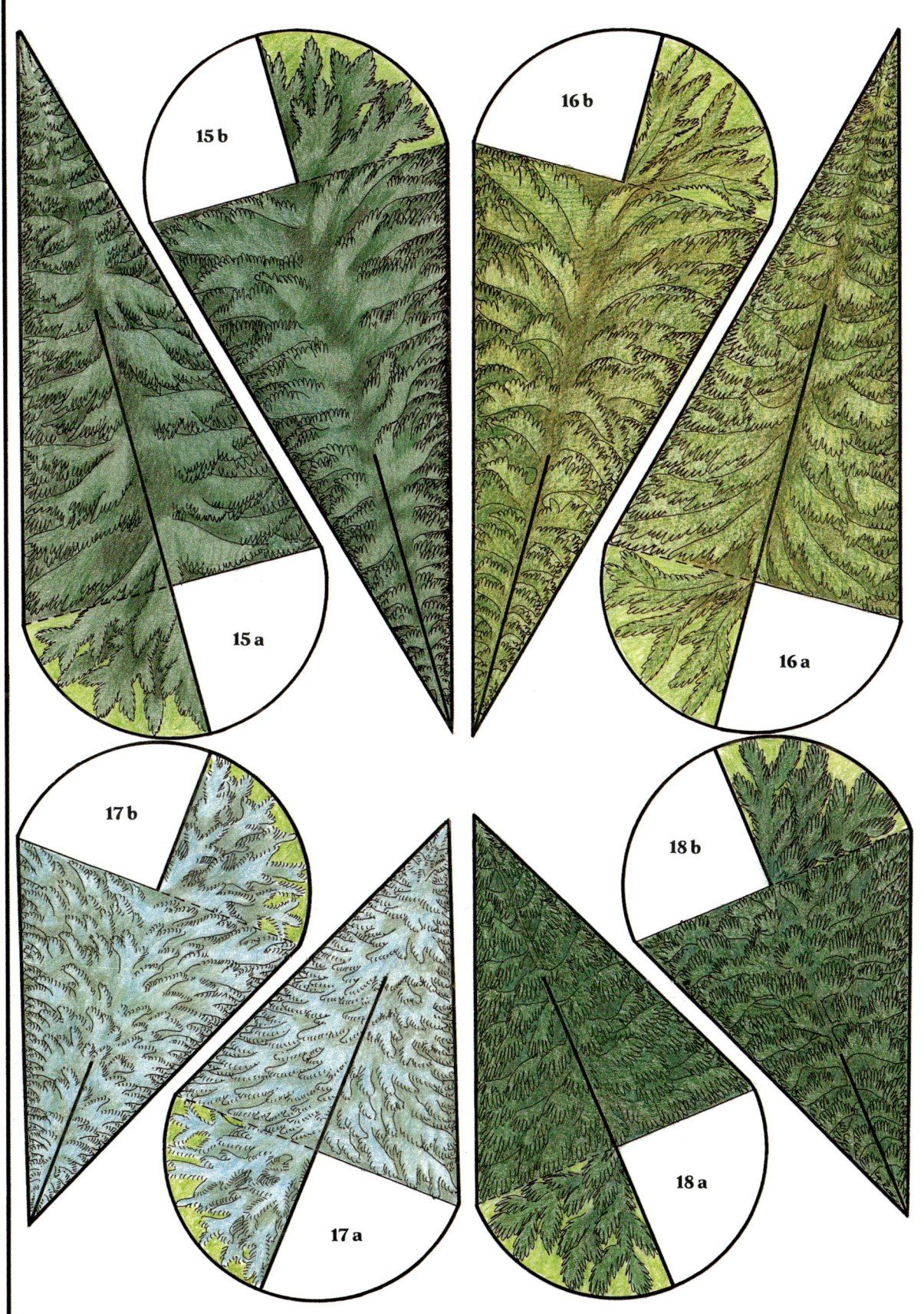

großer Nadelbaum

19 b

19 a

kleine Nadelbäume / Laubsträucher

39 a

39 a

39 b

39 b

39 b

41   42   43   44   45

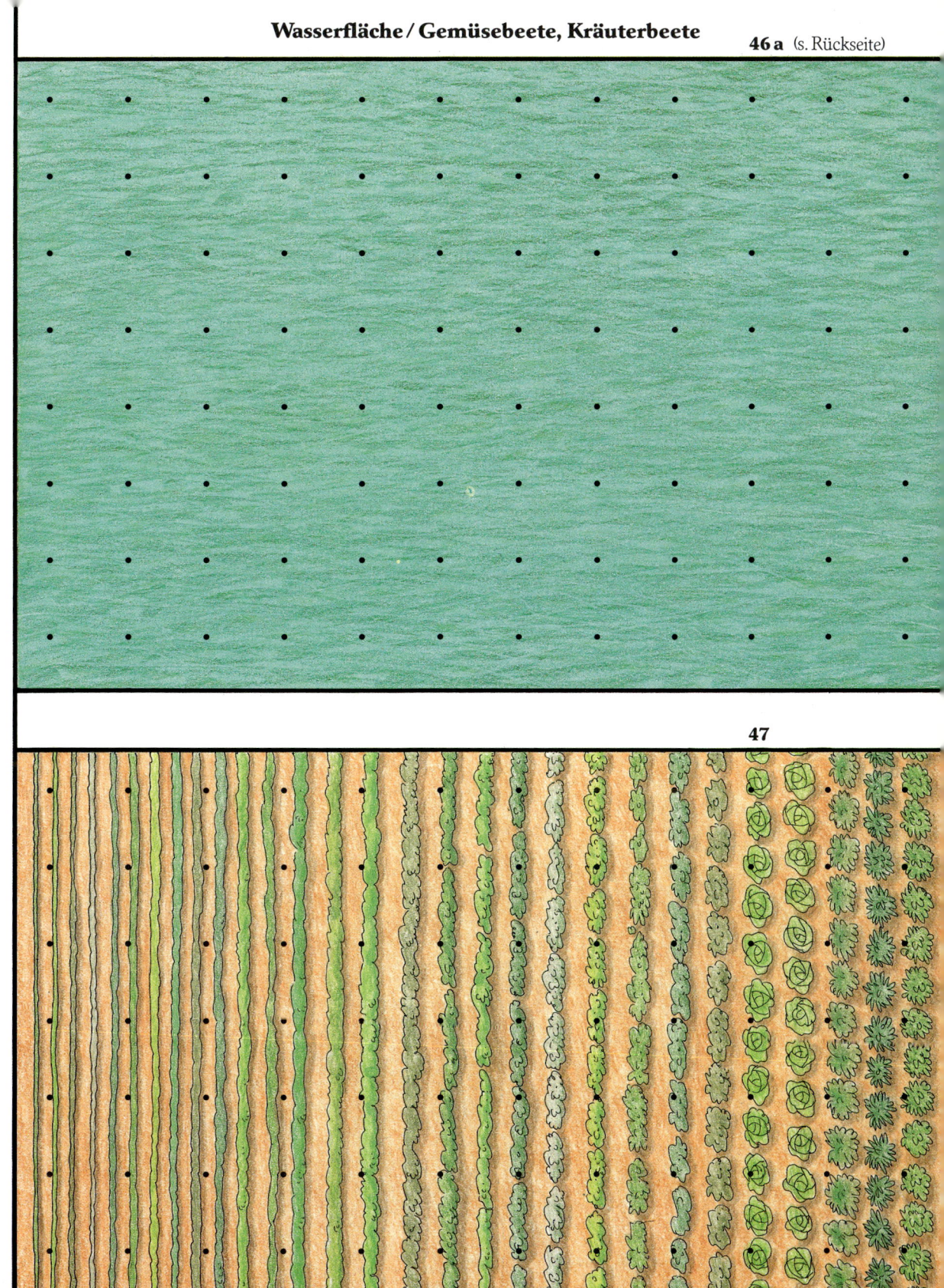

48

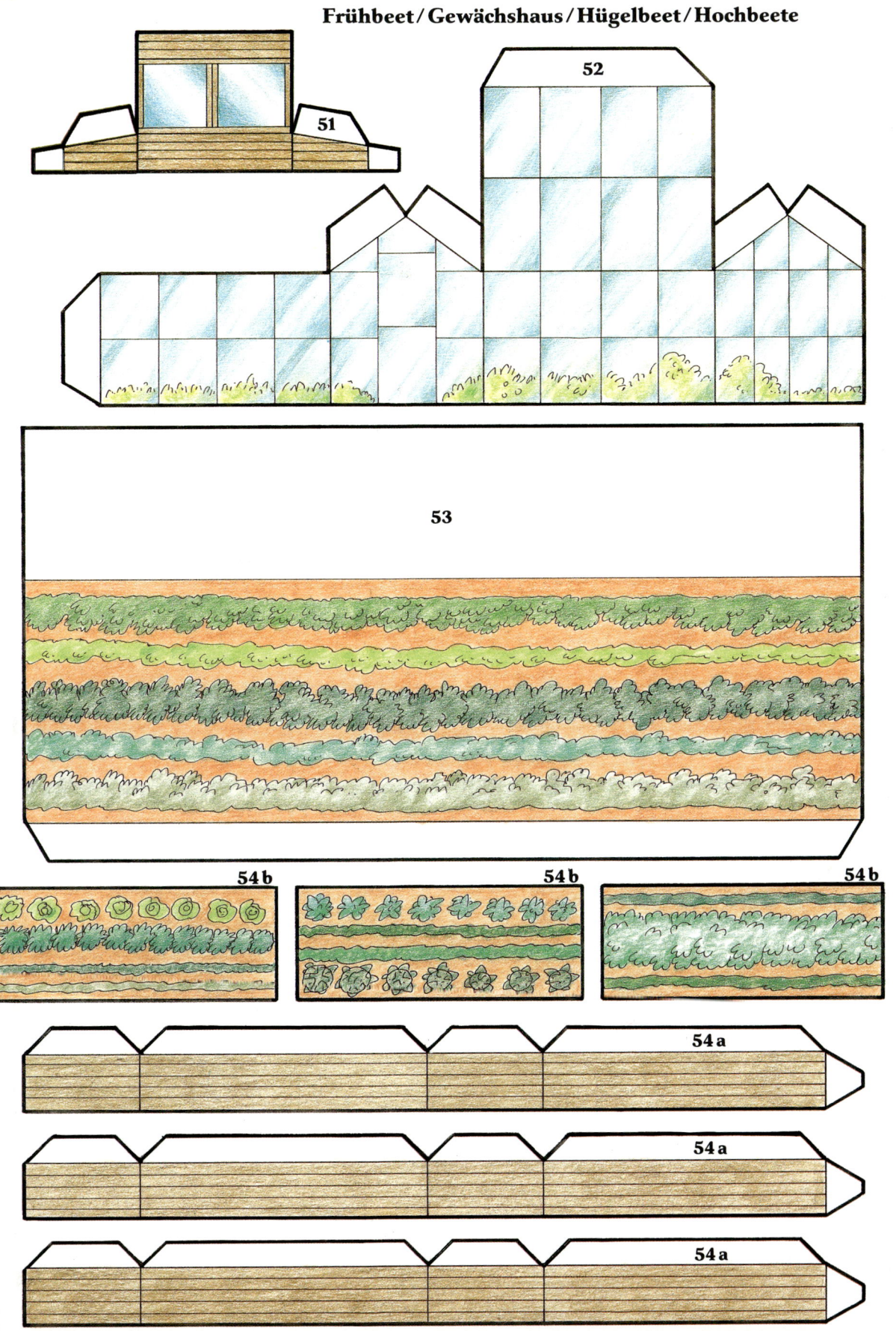

Frühbeet/Gewächshaus/Hügelbeet/Hochbeete

51

52

53

54b

54b

54b

54a

54a

54a

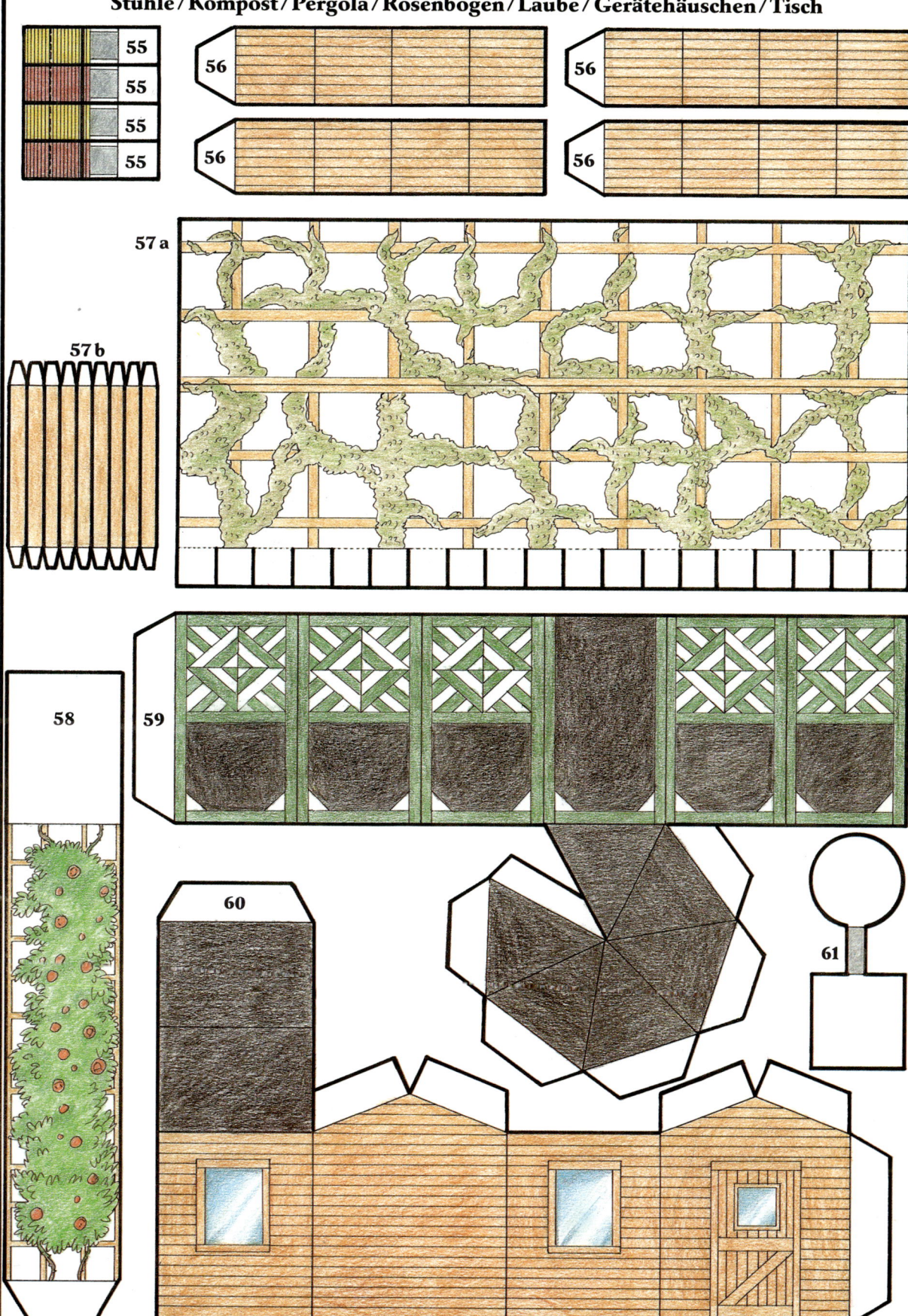

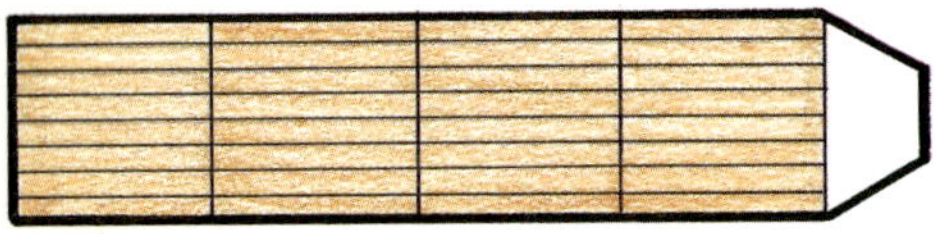

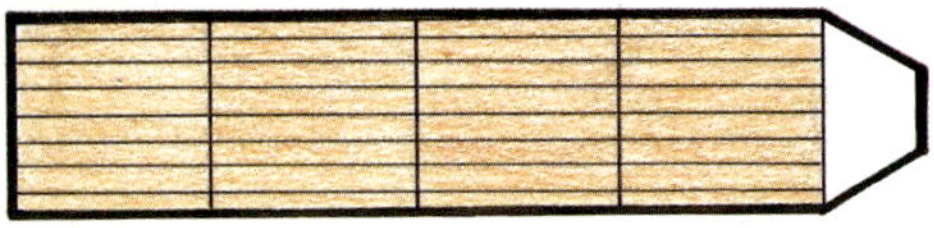

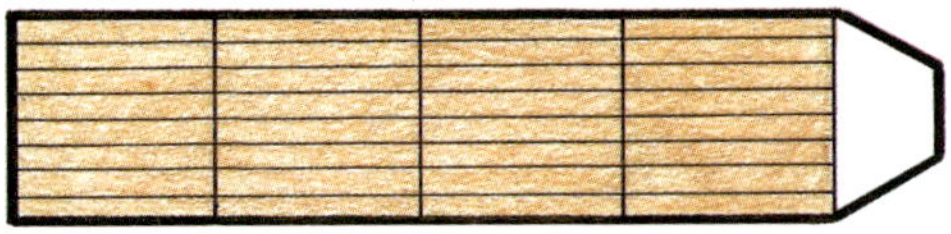

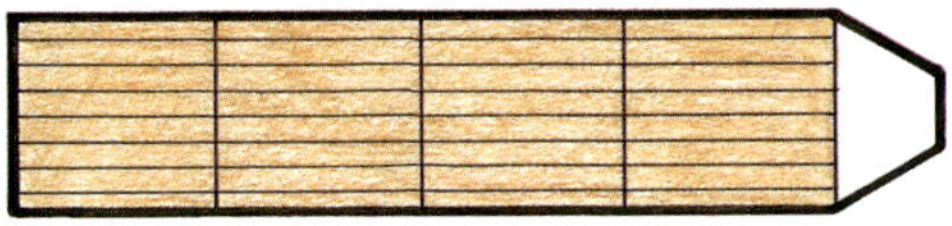

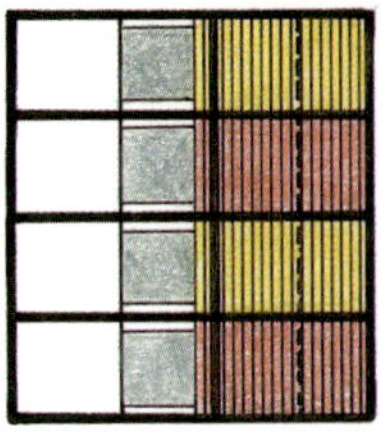

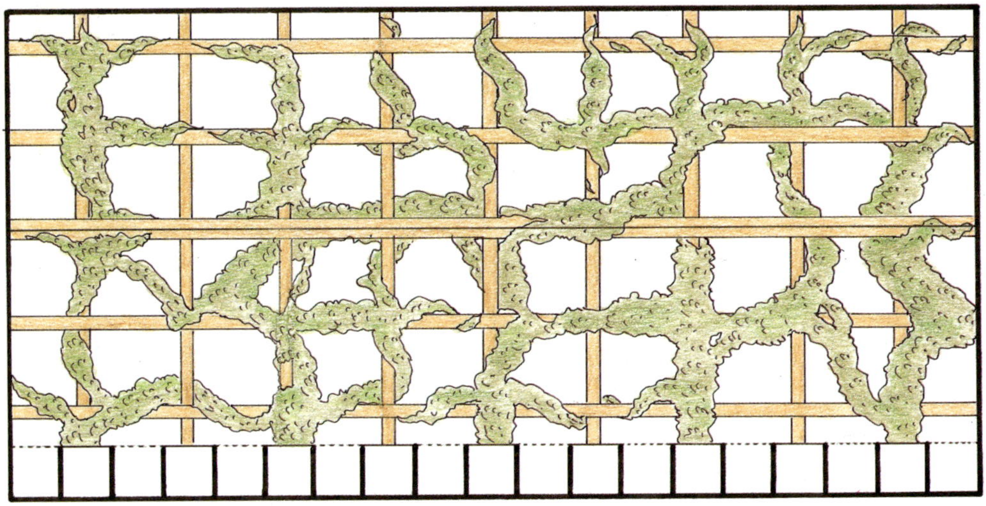

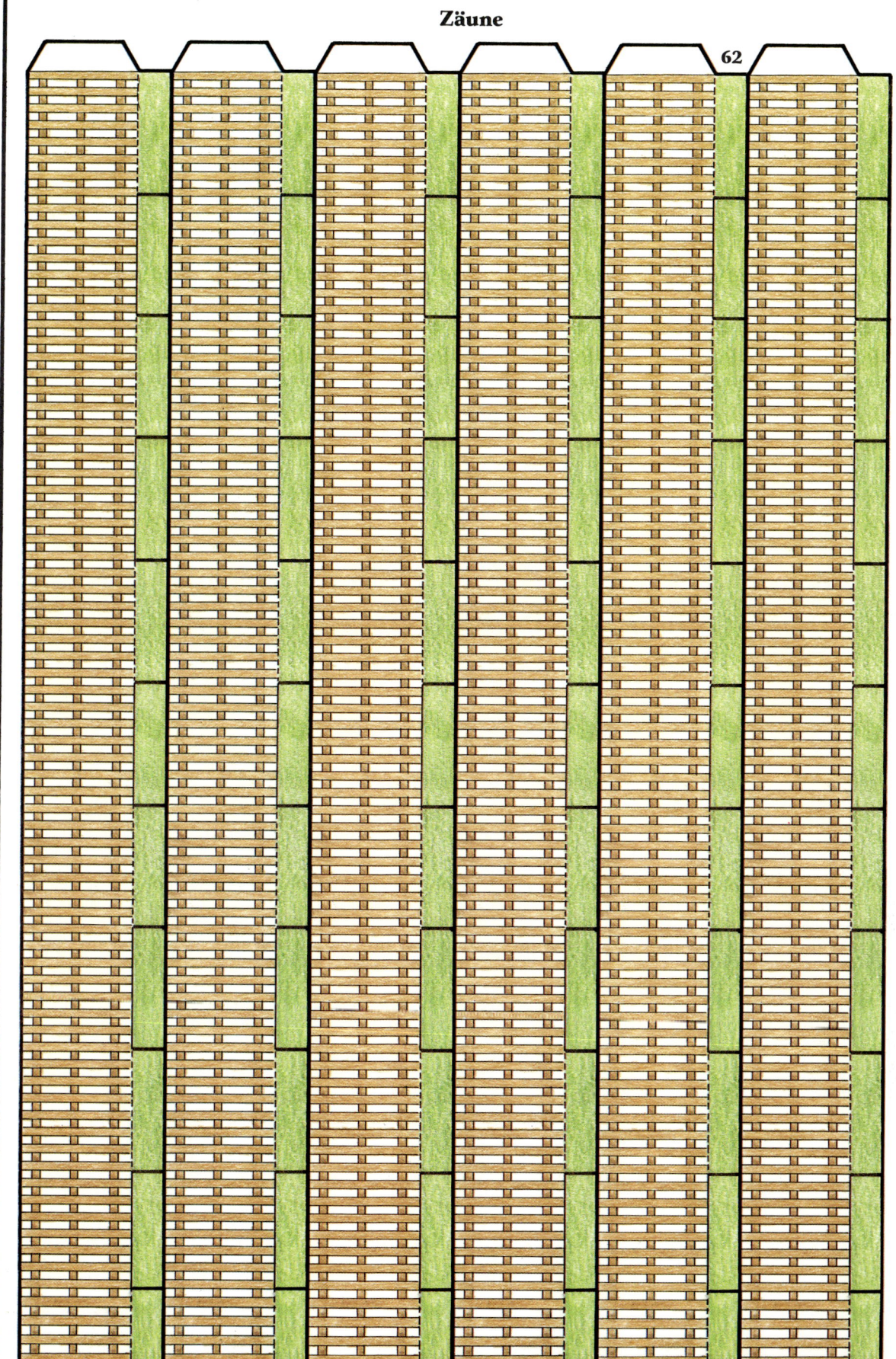

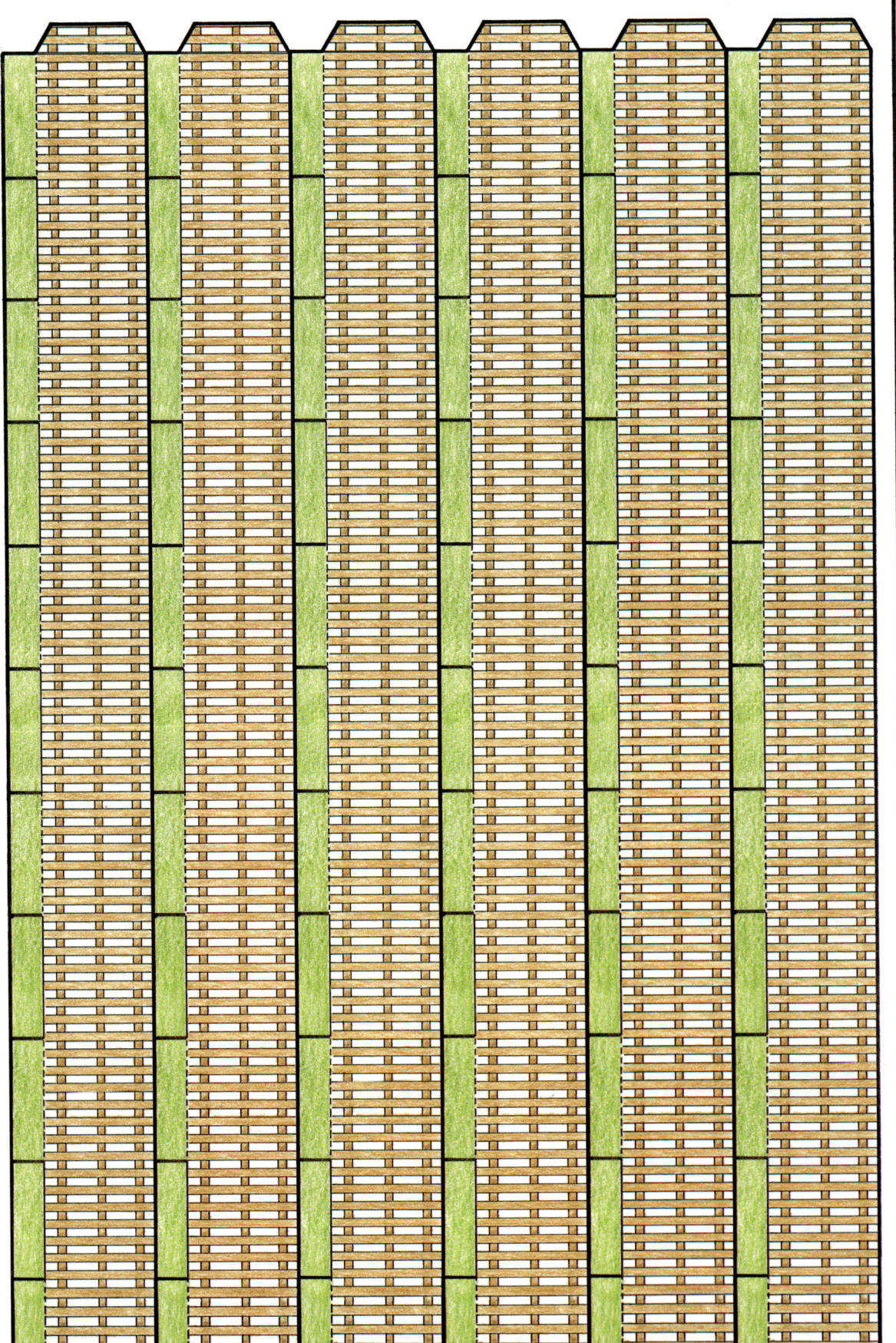